苔花心语

周辛花 著

湖南师范大学出版社

·长沙·

图书在版编目（CIP）数据

苔花心语／周辛花著. --长沙：湖南师范大学出版社，2025.6.
-- ISBN 978 - 7 - 5648 - 5858 - 2

Ⅰ. G4 - 53

中国国家版本馆 CIP 数据核字第 20256ZG038 号

苔花心语

Taihua Xinyu

周辛花　著

◇出　版　人：吴真文
◇组稿编辑：李　阳
◇责任编辑：李　阳
◇责任校对：谢兰梅
◇出版发行：湖南师范大学出版社
　　　　　　地址/长沙市岳麓区　邮编/410081
　　　　　　电话/0731-88873071　0731-88873070
　　　　　　网址/https：//press. hunnu. edu. cn
◇经销：新华书店
◇印刷：长沙市宏发印刷有限公司
◇开本：710 mm×1000 mm　1/16
◇印张：17. 25
◇字数：200 千字
◇版次：2025 年 6 月第 1 版
◇印次：2025 年 6 月第 1 次印刷
◇书号：ISBN 978 - 7 - 5648 - 5858 - 2
◇定价：69. 80 元

凡购本书，如有缺页、倒页、脱页，由本社发行部调换。

投稿热线：0731-88872256　微信：ly13975805626　QQ：1349748847

序

风雨六秩尝百味，

笔思册载成半章。

幼苗尚有参天志，

苔花吐蕊散微香。

  这是一个贫寒家庭的女孩"鲤鱼跃农门"的真实故事；这是一位乡村女教师踔厉奋发、自强不息的成长历程；这也是一位平凡女性追求不平凡的人生经历；这更是"湖南省文明家庭"和全国"书香之家"女主人的无悔人生！

  静心阅读《苔花心语》，你可领悟逆境成才的秘诀，也可洞悉名师成长的奥妙，还可解读幸福家庭的密码。

  我们"60后"出生于缺衣少食、缺乏安全感的时代，求学于缺书少纸、缺乏教育资源的时段，就业于改革开放之初百废待兴的时候，成长于复兴大业潮头百舸争流的时期，成熟于"创先争优""科学发展""撸起袖子加油干"

的新时代。这些人被风暴折磨过，被乡愁打磨过，被晨曦召唤过，被使命砥砺过。作者正是亿万"60后"中一位平凡而又普通的女性，她如"苔花"一般突破恶劣的生存环境，开出了属于自己的娇小而艳丽的花朵，展示出平凡生命的不屈与魅力。

社会阵痛落在幼小的我们身上，痛得直接且直观，成为不可磨灭的历史记忆，于是有了作者的"痛说革命家史"，这在"自传"部分体现得尤为充分；社会变革拽着年轻的我们前进，让我们饱尝酸甜苦辣咸，体验从青涩到成熟的磕碰，于是有了经历"挫折"而"不服输"的女教师；事业家庭两副重担，职责使命在肩，必须勇毅担当，负重前行，于是有了"我为巾帼添光彩""为师者的感动"；阳光总在风雨后，世间自有公道，付出总有回报，于是有了作为"妈妈老师"和"独一无二的156班"打造者的"惬意的日子"。特别是"讲话稿"和"教育教学论文"部分，更加体现了作者干一行、爱一行、钻一行、专一行的工作能力和敬业精神。

记叙性文字中，作者以现实主义笔法把自己从童年到退休近六十年的人生经历用近百个小篇章进行了真实而简要的叙写，朴素无华的语言、简约有致的结构、真挚动人的情感和健康向上的心态，孕育出一股抚今思昔、励志育人的力量。纯原创、无抄袭，纯心声、无矫情，纯写实、无噱头，这是《苔花心语》特别是记叙文字部分最突出的特点。该书分为六个部分，包括自传、日记、书信、讲话稿、散文诗歌和教育教学论文，总计20万字，无不凝结着作者对亲人和学子浓浓的情，对家庭和事业深深的爱。半个多世纪过去了，弹指一挥间。时间都去哪儿啦？本书告诉大家，作者的半个多世纪光阴都去了哪儿。

　　我曾是作者的同学，尚未成年，已识彼此，倾慕作者艰难困苦玉汝于成的踔厉奋发和自信自强；我曾是作者的同事，曾执教同一班级，近距离感受了作者爱岗敬业、爱生如子而收获的师生情谊；我曾是作者的领导，从教育系统内外、官方非官方渠道、作者数不胜数的学生口碑里，了解了作者的师德师风、业务能力、绩效成果；等等。敬佩作者的同时，我更多的是心疼，我清楚她几十年来家里家外的辛勤付出，因为我是她的丈夫。

　　内举不避亲，我写下以上几点感慨，忝为序。

欧阳海波

　　（欧阳海波，湖南省桂阳县人，高中地理高级教师，党建专业高级讲师；曾任教中学地理十余年，之后先后担任桂阳县委党校副校长、县职校校长、教育局党委副书记；曾获湖南省"优秀教师"、湖南省关心下一代工作"先进个人"、"湖南省文明家庭"和全国"书香之家"等荣誉）

前言

　　拙作《苔花心语》，读来可能显得稚嫩，但字字句句都是我的"心语"，情真意切，真实可信，没有丝毫杜撰的成分。书中"自传"部分的好些章节，是我用泪水写就的。

　　"白日不到处，青春恰自来。苔花如米小，也学牡丹开。"很喜欢清代诗人袁枚的这首《苔》。苔生活在阳光照不到的地方，看上去很渺小，却毫不自惭形秽，并不因为环境恶劣而丧失成长的勇气，而是在暗处努力生长，青春不息，艰苦奋斗，也像牡丹一样尽情绽放，将自己最美的瞬间奉献给世界。苔花悄然地开着，不争奇斗艳，始终素简质朴，却体现出自强不息、积极向上的精神，彰显出于逆境中坚强自信地实现自我价值的道理。因此，我以"苔花"为拙作命名。

　　写作意图如下：

　　首先，对自己而言，回首往事（尽管有的往事不堪回首），集字成册，集珠成串，以防年老健忘，又可放空心灵，轻松地面向未来。

其次，对子孙后代而言，给他们留点精神层面的东西，以便他们了解家庭的苦难历史，从中汲取应有的营养，更加奋发向上，珍惜今天的幸福生活。

最后，对于其他读者而言，如果拙作（特别是来自教育教学一线的心得）能赢得你的一丝青睐，那自然是我的荣幸。你可以把它作为茶余饭后的消遣，或许也可从中悟出一丁点儿借鉴与启迪。

历史已不能改写，我家庭的苦难也早已成为过去。还是活了96岁高寿的母亲说得好："为人在世，要记好不记丑，多记别人的好处。"其实，无论个人还是国家，我们都要辩证地看待，多把眼光投向阳光处。在此，我想感谢我母亲的教诲！

本人写作《苔花心语》的初衷，只是为了如实记下家庭曾经的苦难，还有自己几十年来的工作与生活，以便充实自己的人生，慰藉自己的灵魂。后来得到先生的由衷赞许和鼎力相助，也得到我儿的真心支持、中肯评价和科学建议，又得到儿媳、侄儿、侄媳等亲人的肯定与支持，还有几位挚友的鼓励与鞭策，于是几番修改后结集成书。在此，一并表示真心感谢！

周辛花

2024 年 11 月于长沙

目　录

第一部分　自传类 ……………………………………………………（1）

模糊的父爱 ………………………………………………………（1）

父亲之殁 …………………………………………………………（3）

跟踪"父亲" ………………………………………………………（4）

冬天里的温暖 ……………………………………………………（6）

母亲的眼泪 ………………………………………………………（6）

哥哥的手 …………………………………………………………（8）

最难熬的三天时光 ………………………………………………（9）

母亲的绝望 ………………………………………………………（9）

哥哥疯了 …………………………………………………………（11）

寻医问药 …………………………………………………………（11）

最香的米饭 ………………………………………………………（12）

最甜的甘蔗 ………………………………………………………（13）

最美味的面条 ……………………………………………………（13）

最漂亮的头饰 ……………………………………………………（14）

举步维艰 …………………………………………………………（15）

危险的糙米饭 ……………………………………………………（16）

最贵的学费 ………………………………………………………（17）

看守所门外的少女 ……………………………………… (18)

考演员 ………………………………………………… (18)

苦读 …………………………………………………… (19)

车祸 …………………………………………………… (21)

恩人 …………………………………………………… (22)

母亲的微笑 …………………………………………… (24)

奖学金的用途 ………………………………………… (25)

哥哥的婚事 …………………………………………… (26)

侄女之殇 ……………………………………………… (27)

兄长喜得贵子 ………………………………………… (28)

抱被子的巧合 ………………………………………… (28)

掀开我"盖头"的男孩 ……………………………… (29)

家乡的桃子 …………………………………………… (29)

知音 …………………………………………………… (30)

甜蜜的夜晚 …………………………………………… (30)

乡村女教师 …………………………………………… (31)

离家出走的姑娘 ……………………………………… (34)

山路弯弯 ……………………………………………… (36)

一对一的辅导老师 …………………………………… (37)

教师进修学院的故事 ………………………………… (38)

有情人终成眷属 ……………………………………… (40)

分娩之幸 ……………………………………………… (41)

好事多磨 ……………………………………………… (44)

坐月子的滋味 ………………………………………… (46)

看车车 ………………………………………………… (47)

"调皮"的儿子 ……………………………………… (47)

最后悔的事情 ………………………………………… (49)

淘气的小宝贝 ……………………………………… （50）

大团圆 ……………………………………………… （52）

特尴尬的一幕 ……………………………………… （53）

红红的五角星 ……………………………………… （54）

满满的一碗饭 ……………………………………… （55）

让人动容的幼儿书信 ……………………………… （56）

我为巾帼添光彩 …………………………………… （58）

儿子转学后 ………………………………………… （59）

童趣 ………………………………………………… （60）

心病 ………………………………………………… （61）

北上南下 …………………………………………… （62）

志同道合的幸福 …………………………………… （63）

山丹丹花开红艳艳 ………………………………… （64）

挫折 ………………………………………………… （65）

不服输的女教师 …………………………………… （66）

校长家访 …………………………………………… （68）

早出晚归的日子 …………………………………… （69）

人生第一次住院 …………………………………… （70）

有点傻 ……………………………………………… （71）

妈妈老师 …………………………………………… （71）

独一无二的 156 班 ………………………………… （72）

主持课题研究 ……………………………………… （73）

忠孝难两全 ………………………………………… （74）

征兆 ………………………………………………… （77）

母亲走了 …………………………………………… （79）

母亲的葬礼 ………………………………………… （82）

女儿的祭品 ………………………………………… （83）

为了母亲的遗愿 …………………………………………… （85）

喜建新房 ……………………………………………………（86）

最后一课 ……………………………………………………（87）

退休 …………………………………………………………（88）

惬意的日子 …………………………………………………（95）

新年感言 ……………………………………………………（96）

享福 …………………………………………………………（97）

访友 …………………………………………………………（101）

清闲的日子 …………………………………………………（101）

一根玉米 ……………………………………………………（103）

回娘家 ………………………………………………………（104）

先生不在家 …………………………………………………（105）

居家度日 ……………………………………………………（107）

又到开学季 …………………………………………………（108）

当奶奶的甜酸味 ……………………………………………（109）

愿时光不老 …………………………………………………（111）

还有许多梦想 ………………………………………………（114）

第二部分　日记类 …………………………………………（116）

为"伊"消得人憔悴 …………………………………………（116）

周末小聚 ……………………………………………………（117）

心愿 …………………………………………………………（117）

好态度 + 好习惯 = 成功 ……………………………………（118）

神速 …………………………………………………………（119）

错过 …………………………………………………………（120）

时间都去哪儿了？ …………………………………………（121）

家庭教育要从娃娃抓起 ……………………………………（123）

童言拾趣 ……………………………………………………（125）

育儿咏叹调 ………………………………………………（126）

忙碌的滋味 ………………………………………………（128）

第三部分 书信类 ………………………………………（134）

致鹏儿的一封信 …………………………………………（134）

致母亲的一封信 …………………………………………（137）

致先生的一封信 …………………………………………（141）

第四部分 讲话稿 ………………………………………（148）

让青春无悔

——在桂阳三中 2012 届高三"希望之星"大会上的讲话

………………………………………………………（148）

在高二 1211 班家长会上的发言 …………………………（152）

女儿也当自强

——在高一女生大会上的讲话 ……………………（155）

实现梦想，惟有奋斗

——在桂阳展辉学校预科班"百日誓师"大会上的讲话

………………………………………………………（159）

第五部分 散文、诗歌 …………………………………（162）

为师者的感动 ……………………………………………（162）

母亲的养生之道 …………………………………………（168）

父母的那些事 ……………………………………………（171）

不用扬鞭自奋蹄 …………………………………………（177）

早 ……………………………………………………………（180）

平凡人生也幸福 …………………………………………（181）

最美的模样 ……………………………………………（185）

长相思·汝城行

——记 2018 年 7 月 30 日郴州师范 126 班聚会汝城 ……（188）

聚会有感

——记 2022 年 8 月 13 日郴州师范 126 班聚会飞天山 ……（188）

寄语小娇孙 ……………………………………………（190）

无题 ……………………………………………………（190）

贺夫君花甲寿 …………………………………………（192）

第六部分　教育教学论文 ………………………………（193）

《致橡树》教学中的美育渗透 …………………………（193）

语文教学中的导语设计 ………………………………（199）

浅谈语文教学中情感的渗透 …………………………（203）

论学生作文的思想品位 ………………………………（205）

如何使文章有文采 ……………………………………（209）

例谈高中语文起始课的特性 …………………………（216）

高考古典诗歌鉴赏指导 ………………………………（226）

也谈师德修养 …………………………………………（239）

教师应以塑造高尚灵魂为崇高使命 …………………（244）

家庭教育重在德育 ……………………………………（248）

小家务，大财富 ………………………………………（252）

后　记 …………………………………………………（261）

第一部分
自传类

模糊的父爱

母亲曾多次叹息道："我的命好苦，生在旧社会，做过童养媳。多年后，跳出了苦海，嫁给了你爸。可是，我生了九个儿女，最后就剩下一儿一女，你哥是老五，你是老九，其他七个都没养活，有的饿死，有的病死，唉！"

原来我哥是"老五"，我是"老九"。父母生育了九个儿女，却只幸存了我哥和我两兄妹，不难想象父母那夭折了七个子女的痛苦与悲伤！

隐隐约约记得母亲还说过："你爸读过几年书，也会唱戏，还会养蜜蜂、做豆腐。咱们这铺子上你爸也算个能人。"儿时的我似乎见过家里收藏的养蜂的箱子和做豆腐的器具，我哥还继承了父亲做豆腐的手艺。我吃过父亲养的蜜蜂酿的蜜吗？我吃过父亲亲手做的豆腐吗？母亲说当然吃过，可是我的记忆却早已模糊。我哥亲手做的豆腐我是吃过很多次的。几十年前哥是用石磨做豆腐，后来买了电磨，村里好些人家每年都要找我哥做过年豆腐。

"满女乖乖，爸爸爱爱！满女乖乖，爸爸爱爱！"母亲说，父亲当年就这样随时把我这个老九抱在怀里或骑在肩上"念经"。父亲很疼爱我，因为我是他的小女儿，用家乡话说就是"满女"。母亲对几十年前的事仍记忆犹新，而我却听得如坠云里雾里。

如今90高龄的表姨也不止一次地对我说："花的（这是长辈们对我的昵称，'的'字念轻声），要是你爸爸还在就享福啰，你爸好爱你这个满女！他老是抱着你亲了又亲，爱了又爱。那时你好娇气哦，几岁大了，还要你爸用双手把你高高地举过头顶，然后你就骑在他肩膀上玩'骑马马'……"表姨回忆起往事，声音洪亮，眉飞色舞，口若悬河。她说的故事让我陶醉，听着听着我就陷入了甜美的遐想之中。

还有住市里的跟我表姨同龄的"姑姑"（与我同村同姓而无血缘关系的姑姑），也多次提及我父亲："你爸是个好人，豆腐做得好，蜂也养得好，戏也唱得好，当年还跟我一起唱过戏呐。你爸很爱你这个乖乖女，那时你还小，可能早就忘了。唉，可惜他走得太早！……"

原本我是父亲的宝贝女儿，是他的掌上明珠，也曾享受过热情似火、温馨如水、厚重如山的父爱！

可是，父亲的爱对我来说早已模糊，模糊到没有一点印象了。我恨自己不长记性！

真的是我不长记性吗？当年才四岁多的我就被一双无形的手斩断了父爱，斩断了我们父女嬉戏的欢声笑语。一个少不更事的小女孩能记住些什么呢？

父亲之殁

父亲殁于何年？我似乎早已忘记。兄长给父亲立的墓碑上刻着那个忌日，可我也没记住。

父亲为何而死？母亲曾不止一次地回忆说他是出于无奈而投水自尽的：

那是有一年的初夏，夜深人静的时候，父亲悄悄地出了门，他走啊走啊，走到了离家三四里路的一口很深的鱼塘边，徘徊良久，最后纵身跳进了深水中……

第二天清早，母亲不见了父亲，猜想事情不妙，立即喊醒哥哥和我，到处寻找我父亲的踪迹。

"忠晨（父亲的名字）啊，你在哪里？""忠晨呃，你——在——哪——里？忠晨——"

门前笔直的马路上，没有父亲；村里的三口水井里，没有父亲；村里的几间公共茅厕里，没有父亲；村前村后的大树上，依然不见父亲！

"忠晨啊，你回来吧！……"

母亲喊天天不应，喊地地不灵。

我们一家三口，还有村里的几个好心人，找了大半天，最后是邻村人发现父亲的尸体浮在他们村前马路边的一口池塘里，岸边留有父亲常穿的一双解放鞋。

几个好心人帮我们打捞上了父亲那浮肿泛白的尸体，母亲双膝"扑通"跪在了父亲身旁，双手捶打着自己的胸口，呼天抢地地喊着："忠晨啊！……"母亲哭得晕死过去，我和哥哥也哭成了泪人儿。

一声声撕心裂肺的呼喊，一句句肝肠寸断的哭诉，竟然使死去多时的父亲吐出了几口鲜血，所有在场的人都惊呆了。

母亲不止一次地对我说，那是父亲的回应，面对亲人声嘶力竭的呼唤，他不能无动于衷啊！

父亲英年早逝，花草树木含悲。我那不足 18 岁的身单力薄的哥哥将棺木放在农村打柴用的独轮车上，含着泪默默地费力地将父亲葬在了离家不远的山岗上。

……

众所周知，父亲是一个家庭的顶梁柱。可是，我家的顶梁柱却过早地坍塌了，于是不足五岁的我从此失去了父爱。之后，母亲和兄长成了我的靠山，我们一家三口相依为命。

父亲长什么样？我早已忘却，因为当时几岁大的我还不记事。多年后，我从哥哥那儿得到一张很珍贵的照片——父亲的半身照，穿着白衬衣，很年轻，也很英俊，目光炯炯有神，看上去四十多岁的样子。这是父亲留下的唯一照片。我一直不愿相信他那么年轻就走了，狠心地抛下他的结发妻子和一双儿女，尤其是抛下他疼着爱着的小女儿就走了。

是谁毁了我心爱的父亲，毁了我幸福的家庭？

直到今天，我仍然感觉好冤，好痛！

跟踪"父亲"

父爱虽已模糊，但我敢肯定父亲很爱我，要不然我不会去跟踪"父亲"。

烙在心灵深处的记忆，我无法忘记——

我们家住在马路边，父亲去世后，有一天我突然发现"父亲"又大步流星地走在马路上，于是小小的我毫不犹豫地紧紧尾随其后。

不一会儿，"父亲"把我远远地甩在了后面。我吃力地走着，跑着，一心想着追上"父亲"。"那是我爸爸，那是我爸爸，我要追上他!"我在心里反复念叨着，"爸爸，你等等我! 爸爸，等等我!"

大约赶了一里路，我终于气喘吁吁地跑到了那人前面，看清了他的脸，然后一步三回头，自言自语道:"不是的，不是的，他不是我爸爸，他不是爸爸! 我要我爸爸! 我要爸爸!"那男子见我的嘴唇在哆嗦，奇怪地看了我一眼，接着又继续赶路了。

"爸爸不要我了，爸爸不要我了! 呜——"我沿路哭着返回了家。

……

我的父亲已不在人间，可是当年幼小的我不信，也不懂，一看见背影跟自己爸爸相似的男子就以为是自己的爸爸，必须从他人的正面多看几眼，然后在心里反复念叨"他不是爸爸"，念叨八九遍之后才十分沮丧地离开。

记忆中类似的事情似乎发生过好几次，四岁多的我有点神经质。

如今想来，我依然伤心，难过!

冬天里的温暖

父亲没了，母亲强忍着深悲剧痛，用柔弱的双肩挑起了一个贫寒家庭的重担。

母亲白天默默地劳作，晚上时常把我揽在怀里，"娘的心肝""娘的宝贝"地唤着，用她温柔的呼唤语填补我缺乏父爱的寂寞与胆怯，也用她的体温温暖着幼小瘦弱的我，让我暖暖地度过一个又一个寒冷的冬天。

"花的，冷吗?""妈妈，我不冷。"

"花的，你是娘的心肝，娘的宝贝，对啵?""嗯。"

"花的，你要听话，要听妈妈的话，好啵?""好!"

……

不知有多少个夜晚，我躺在母亲温暖的怀抱里甜甜地睡去，根本不知母亲话中有话，根本不懂母亲夜不能寐的痛楚! 直到后来我嫁了人，生了子，才慢慢地悟出那份母爱的厚重!

柔柔的甜甜的暖暖的母爱，让我渐渐地淡忘了父亲的背影。

母亲的眼泪

少不更事的我曾以为，母亲有我哥，还有乖巧懂事的我，便不再孤单寂寞，我哪里懂她人到中年时的"丧夫之痛"啊!

记得母亲多次带我上山捡柴火或是采蘑菇，我们去得最多的地方就是葬我父亲的那座山。每每走到父亲的坟头，放下畚箕或竹篮，母亲就会一屁股坐在地上，双手用力地抠进坟头的泥土，嚎啕大哭："忠晨啊，你这个死鬼，你死了，一了百了啦，什么都不用管啦，撇下我们孤儿寡母的，你好狠心啦！呜——"

"老天爷啊，你睁开眼看看吧，你要了孩子他爸的命，叫我们孤儿寡母怎么过啊！我的个天啊！呜——"

"妈，你别哭了！呜——"

"忠晨啊，你回来吧，回来吧！孩子不能没有你啊！呜——"

"妈，你别哭啦，别哭啦！我听话！呜——"

母亲一把揽过我，哭得更伤心了。

……

"妈妈，妈妈，别哭啦，别哭啦！呜——"

"老天爷啊，我们家男人造了什么孽啊，他那么老实本分，为什么把他逼上绝路啊？"

"天啦，你把我也带去吧！呜——"

……

母亲呼天抢地，不时地呼唤父亲的名字，伤心欲绝，任我怎么劝都无济于事。

哭够了，哭累了，声嘶力竭了，母亲才起身，拍掉衣裤上的泥土，牵着泪流满面的我去寻些柴火或蘑菇。

父亲所在的那座山，成了我童年乃至少年的心理阴影，我好害怕走进那座山，好害怕母亲哭晕过去。

母亲啊母亲，我可怜的母亲，女儿我恨自己爱莫能助啊！母亲啊，你那撕心裂肺的哭声至今还萦绕在女儿的耳畔，你那伤心欲绝的模样早已深深地烙在女儿的心坎上啦！

往事不堪回首，一回首全是泪，全是痛！

哥哥的手

咱们家孤儿寡母，自然随时受人欺负。

有一天，二叔家的儿子，一个堂兄，竟然因一点小事就用棒槌大的木棍追着我哥猛打。我哥猝不及防，又瘦不拉儿，哪能抵挡得了一个四十来岁的中年男子的棍棒！几棍下去，我哥的左手就抬不起来了——被打折了。年幼的我眼睁睁地看着哥哥被打，急得大哭大叫，却帮不上丁点儿忙。

记得本来是村里一群大小不一的孩子在晒谷场上玩耍，玩着玩着就有了小矛盾，你骂我，我骂你。这本是正常现象，没想到堂兄竟只听他女儿一面之词，就手下无情！

挨打之后，我可怜的哥啊，痛得喊爹叫娘，用右手小心翼翼地托着被打折的左手，泪流满面地进了家门。我跟在哥身后，哭成了泪人儿。

母亲见状，好不心伤！"儿啊，你这是怎么啦？你招谁惹谁啦，啊？""他们家女儿骂我是'狗崽子'，我回骂了她一句'你是狗崽子'，她跑回家告诉了她爸，她爸从家里操起木棍就跑到晒谷场上打我。"母亲轻轻抚摸着我哥受伤的手，泣不成声。

同宗族的人竟因孩子之间的小纠纷而大打出手，下手绝情！这是什么世道啊？不就因为咱们家孤儿寡母好欺负吗？

好在村里有一位善良的大叔懂得接骨技术，母亲好言好语求他将我哥的手骨接上。好心的大叔先看了看我哥那受伤的手，然后捏了捏，随即要我哥闭上眼睛别看，不要怕痛，三下五除二就接好了手骨。母亲见状，忙不迭地称赞和道谢："他大叔啊，您真是活神仙！几下就把我儿的手弄好了！谢谢，谢谢，真是太谢谢您啦！"然后又语重心长地告诫我哥："儿啊，你是没爸的孩子，今后不要惹事，要记住'让人有益'。这次是大叔救了你，你一辈子都要记得大叔的好，听见了吗？"哥点头称是。

大叔还找了几副草药给我哥敷上，我哥的手才慢慢地好起来。

后来，我哥多次感谢大叔。大叔去世后，哥又将大叔的这份恩情转移到了他的儿孙身上，对他的儿孙都相当好，比如将自己名下的一块风水宝地让给了大叔的次子建房子。这是后话。

最难熬的三天时光

老天真不公平，总是让穷人家的孩子遭殃。没有父亲的孩子随时遭人暗算。

祸不单行。

我哥那被打折的手还未痊愈，有一天，他又突然被人五花大绑了。

……

我们度过了三天最难熬的时光。

母亲的绝望

父亲的死让母亲痛不欲生，我哥屡遭磨难更是雪上加霜，让母亲陷入了绝望。

有一天，母亲上吊了，是我发现的。

……

几个好心人跟着我哥和我直奔我家。咚咚咚！捶门，门不开！叫母亲的名字，无应答！哥哥和年长一点的堂兄（大伯的长子）各自飞起一脚，踹开了大门。"妈妈！妈妈！妈——"只见母亲在楼梯口挂着，粗粗的绳子已勒进她的脖子，眼睛死死地闭着，面无血色，已不省人事。堂兄一刀砍断了绳索，哥哥眼疾手快地接住了母亲，轻轻地把她放在地板上。我见状哇哇大哭，大声喊着："妈妈，妈妈！妈——，你醒醒！你快醒醒啊！""哥哥，我要妈妈！我要妈妈！！！"

我先用双手轻轻地摇晃母亲，不停地叫唤她，母亲没有反应；我不甘心，就用一只小手垫着妈妈的头，轻声地呼唤她，母亲还是没有反应。"妈妈——妈妈——，我要妈妈，我要妈妈！""妈，你醒醒啊，你快醒醒啊！""妈——"

我哭累了，嗓子哭哑了，仍不见母亲睁开眼。

……

"妈，你快醒醒，快醒醒啊！呜——"慢慢地，慢慢地，妈妈似乎听到了她宝贝女儿的呼唤，开始有了微弱的气息，然后微微睁开了她那疲惫而痛苦的双眼。也许是苍天有眼，也许是母亲命不该绝，母亲终于活了过来！

……

我很不幸，早早地没了父亲；我很幸运，上天怜悯我，没让我过早地失去母亲。

哥哥疯了

先是父亲投水自尽；接着哥的手被打折，又被人五花大绑；后又母亲因绝望而上吊：这一切极大地刺激了哥的神经。

于是，我哥疯了，周围人说他是"癫子"。

从此，疯疯癫癫的哥四处游荡，惹是生非。他一时飞檐走壁，爬上别人家的屋顶，窥视他心中的仇人，结果被打得鼻青脸肿；他一时又拔掉别人家的蔬菜，到处乱扔，害得母亲连连向别人赔罪；他一时会操起家伙，猛打路边的高压电线，吓得行路人大呼小叫；又一时把母亲和我关在家里，猛追猛打，吓得我们母女俩躲进楼阁，叫人拆了楼梯，有时则躲进好心人家里，有家不敢回……

我哥疯了，真的疯了！

"妈妈，哥这是怎么啦?" "你哥疯了，他多次受刺激，脑袋不对了!"

"妈，快救救我哥，快救救我哥，我要哥哥!"

寻医问药

哥哥疯癫之后，母亲看在眼里，急在心里。

接下来的日子，母亲把哥反锁在家里，任他大呼小叫，然后牵着我的手，到处寻医问药。我们去过周边大大小小的医院，问

中医，问西医；也去过十分偏僻的小山村，寻访好心人所说的
"神医"，问偏方，问妙方。

母亲带着我每天早出晚归，因当时还未通公交车，我们只能
靠着双脚丈量人间的大路小路，凭着信念——一定要治好我哥的
病而强忍着四处奔波的辛劳。走累了，歇一会儿继续走；走渴了，
看见井水就猛喝几口；我脚底起泡了，母亲心疼地给我吹几下，
我们又继续赶路。

每每拿了药回家，母亲就想方设法让我哥吃下肚。

……

功夫不负苦心人，哥哥的癫狂也慢慢地有了好转。

最香的米饭

记得我读小学的时候，正是经济困难时期，粮食不够吃。

母亲煮饭有绝招，将少量的米和大量的干红薯丝混在一起，
一煮就是一铁鼎锅。盛饭的时候，母亲总是很细心地把米饭挑选
出来，多半放进我的碗里，少半放进哥的碗里，她自己的碗里则
全是红薯丝。吃着母亲精心挑选出的米饭，哪怕就着没有油星子
的咸菜，也总觉得那是天底下最香的米饭！

在吃不饱饭的日子里，时常见母亲将鼎锅放在灶台上多烧一
会儿，然后用饭勺去铲锅巴，那金黄色的锅巴吃在嘴里香香的，
甜甜的，脆脆的，让我永生难忘！

有时候，乖巧懂事的我，也不会贪吃米饭和锅巴，趁母亲和
哥哥干活不在家，煨一个红薯带着就悄悄地去上学。

……

最甜的甘蔗

有一次跟着母亲去捡柴火，沿着公路走，走着走着，见一辆货车驶过，碾压了公路中间的什么东西。等货车走远，母亲走近那被轧碎的东西，捡了起来，小心翼翼地掰出其中的白色芯子，拍掉上面的灰尘，高兴地告诉我："花的，我们走运。这是甘蔗，你吃吧，很甜的。"我一尝，甜丝丝的，还透着一股清香。可以说，那是我从小到大吃过的最甜的甘蔗。

长大后，我挣钱了，住在县城里，一见到水果摊上的甘蔗，就会情不自禁地想起母亲在公路上捡给我吃的"白色芯子"。也曾为母亲买过几次甘蔗，用刀削去外皮，切成一小段一小段的，以便母亲吃起来方便，可她吃得并不多。随着岁月的流逝，母亲老了，牙齿不好使了，我也就没了买甘蔗的兴趣。凑巧的是，我结婚后，发现婆婆也特别喜欢啃甘蔗，我便不时买些给婆婆吃。当然这是后话。

那最甜的甘蔗，一直甜在我心里，但也有几分伤感和悲凉埋在我心底。

最美味的面条

我们家住在公路边的铺子上，离县城不足 20 里路，进城比较方便。

哥哥二十多岁的时候，有一天进城去了，似乎是逢上过节。那天他买回家一大碗三鲜面，"三鲜"盖码似乎是蛋卷、瘦肉片和叶子菜。那蛋卷是切成一小圈一小圈的，蛋皮薄薄的，黄黄的，里面夹着些瘦肉末，看着就让人垂涎三尺。

母亲将面加热后，分装成三个小碗，我那一碗的蛋卷和肉片自然多些。我埋头津津有味地吃着，甚至连碗里的面汤都喝得精光。从那时到现在，我一直觉得那是天底下最好吃的面条。

母亲、兄长和我，三人分吃一碗面的情景至今记忆犹新，好温馨，好甜蜜。如今的我，虽吃过各种各样的面条，却再也吃不出当年的幸福味道！后来，我执教语文《一碗阳春面》，总是情不自禁地回想童年时唯一吃过的那碗三鲜面。

最漂亮的头饰

我哥很疼爱我这个小妹。

他每次进城，都不会忘记给我带点礼物：有好吃的三鲜面，有好看的衣服，还有漂亮的头饰，等等。

记得哥给我买过一条紫色的丝带，两尺长左右，他学着卖家的样子，给我的长辫子后端扎成蝴蝶结，我走路的时候那辫子便摆动起来，好看极了。紫色的蝴蝶结看上去很雅致，也很醒目，我自认为那是最漂亮的头饰，在同学面前显出一脸的得意和满足："瞧，这是我哥买的，在城里买的！"

从那以后，我几十年来一直偏爱紫色，我不只是有紫色的头饰，还有紫色的帽子、紫色的衣裙、紫色的丝巾、紫色的被套、紫色的床罩、紫色的抱枕和紫色的沙发巾等。

不记得过了多少年，也不知怎的，我常常会想起当年那紫色的丝带，并由此联想到电影《白毛女》中喜儿扎上二尺红头绳的喜悦。

举步维艰

孤儿寡母的日子总是艰难的，可谓度日如年。

当时咱们农村是靠挣工分吃饭的，工分低了，分的粮食也就很少，根本不够吃，我们家往往是寅吃卯粮。少年时的我，最深的记忆莫过于母亲到处借米的窘迫情形。

有时候我跟着母亲进了邻居家的门，反复听着母亲在别人面前低声下气的恳求声："她大婶，您行行好，借一筒米给我吧，我们家今晚就冇米下锅了。""大嫂您行行好，借两筒米给我吧，也让我们家孩子过年吃顿饱饭吧！下次队里分了稻谷，我们就还您。"……

村里也有好些好心人，看着我们孤儿寡母可怜，同情我们，不时地借给母亲几筒米。记得我们家量米的竹筒，一筒大概能装一斤米。有时候碰上善良又大方的邻居，一次就借给我们好几筒米，这时候，母亲就会欣喜若狂。

之后，母亲绝对会说话算话，准时还米给好心人，绝不拖沓，哪怕借东家也要还西家！这种人穷志不短，再苦也要守诚信的为人之道，也给了我们深远的影响。

看着母亲四处借米的凄凉情景，年幼的我心里就萌生出一个小小的愿望或者说朴素的理想——长大后一定要让母亲有饭吃，绝不让她再低声下气地去求人！

……

危险的糙米饭

任哥哥和母亲怎样勤劳能干，也养不活一家三口，因为他们的工分都太低。

当收割季节来临时，哥经常夜不能寐，半夜三更到田间地头去弄点成熟的稻谷，回家烘干，然后又半夜三更到生产队的磨房，用石臼将谷子碾成糙米，偷偷地从后门溜进屋。母亲见状，胆战心惊，只是不停地骂，而哥哥总是默默无语。从母亲的骂声里，我知道哥做了错事。

……

那糙米煮的饭，带点酱红色，吃起来很粗糙，没有白米饭柔软好吃。我们吃着我哥冒险弄来的糙米饭，维持了一小段艰难的时光。

母亲常教育我们说："为人不做亏心事，半夜敲门心不惊。"可是，哥在无奈之下，做了亏心事啊，他违背了母亲的教诲。

哥为了支撑我们这个家，养活母亲和我，又供我上学读书，胆子越来越大，偷的稻谷越来越多，从几斤到几十斤再到上百斤，母亲和我越来越害怕，我们就这样过着胆战心惊的日子。

终于，哥的劣迹有一天被村里人发现了。我和母亲眼睁睁地看着我哥被穿制服的人戴上了手铐。之后，我可怜的哥很快就被关进了市里的看守所。

那危险的糙米饭啊，救了我们一家三口的命，却让哥饱受了囹圄之苦，让他的青春染上了无法抹去的污点，甚至影响了他结婚生子。

……

最贵的学费

哥进看守所了，等待他的是法律的制裁。我还能继续上学吗？

母亲变得越来越坚强。她一边做农活，一边养猪。母亲上午下午要参加生产劳动，休息时间就扯猪草，夜里剁猪草，清晨煮猪潲，无论酷暑与寒冬。

看着含辛茹苦的母亲，想着饱受苦难的哥哥，我发誓要跳出农门，为母亲和兄长争光！于是，我变得更加勤奋努力。平时在学校，我很用功，是老师眼里的乖学生；寒暑假在家里，我会一边烧火煮饭，一边看书背公式定理和英语单词等。付出与收获往往成正比，我凭实力考上了郴县一中（如今的郴州市二中）读高中，成了百里挑一的好学生。记得当年我所在的初中学校考上县一中的，就五人，三女两男。

九月开学了，得交学费了，当时一个学期是 30 元学费。进县城读书，还要食宿费，怎么办？母亲没有别的办法，只好请人杀猪卖钱凑学费，尽管当时那生猪还只长到一百多斤。

记得那是 1978 年 9 月，我怀揣着母亲养猪换来的血汗钱，走进了苏仙岭下的县级中学——郴县一中。

30 元学费，对于当时我们那个家来说，堪称最贵的学费。所谓"最贵"，从另一层面来讲，我的学费是母亲用心血和汗水换来的，它凝聚了母亲对女儿深深的爱，这份爱昂贵得无法用金钱来衡量。从此我懂得了——我肩上担着一家人那沉甸甸的希望。

看守所门外的少女

我在城里读书，哥被关在城里的看守所里好一段时间。于是，我选了一个周末的下午，去看守所探视我那可怜的哥哥。

好不容易找到看守所，只见一扇铁门紧闭着。不足 15 岁的我，瘦不拉几的，胆子也小，什么套路都不懂，只好蹲在距离铁门几米远的地方干等着，等工作人员来开门，因为我想见见我哥，想告诉他——母亲和小妹我一切都好。

一个穷学生，一个不谙世事的少女，远远地蹲在那戒备森严的看守所大门附近，巴望着见上哥哥一面。等了很久很久，却没有见着哥，后来守门人说那天不是探视犯人的日子。

……

记得有同学说过，某某会打官司，是一个律师。我当时多么想请一个律师为我哥辩护啊，可是我没钱。再说，就算我哥只偷了一两百斤救命的稻谷，那也是犯下了盗窃罪啊。

后来，我哥被判了四年有期徒刑。

再后来，我喜欢上了《妹妹找哥泪花流》这首电影插曲，也唱得很动情，其中的原因，只有我自己知道。

考演员

哥哥忍受牢狱之灾，妈妈每天以泪洗面。身在学校读书的我，不时想着如何尽快让多灾多难的家庭走出困境。

有一天，班上一个女同学告诉我，市里在招考演员，考上后就可拿国家工资，家里就有钱了。我听后很是兴奋，立即随她一起去报了名。偷偷练唱了几遍《妹妹找哥泪花流》这首歌曲，再回忆了一下小学、初中老师教过的几个舞蹈动作，我就跟着那女同学去了招考的地点，并怯生生地登上了舞台。

"妹妹找哥泪花流，不见哥哥心忧愁，心忧愁！……"歌声高亢嘹亮而夹杂着丝丝忧伤，还有些微微颤抖。考官要我表演舞蹈时，我特别紧张，舞姿可能贻笑大方了。

……

考试结果如石沉大海。

现在想来，我和那个女同学没有受过丝毫的专业训练，也没接受过任何内行指点，艺术功底太浅，又没化妆，也没有演出服，以失败告终是自然而然的事情。

苦读

考演员那条路走不通，我便下决心静下心来苦读，"鲤鱼跃农门"的梦想再一次回归心中，下苦功夫与初见成效并存——

我当年选学的是文科。班主任曹老师二十八九岁，教我们政治，他的课深入浅出，理论联系实际，归纳概括得有条不紊。曹老师很喜欢笑，笑起来往往用自己的手腕挡住嘴巴，像害羞的大姑娘似的。我很喜欢政治课，听课很投入，课堂笔记写得密密匝匝。每天晚上熄灯就寝之后，我便躺在床上用功——将当天老师所讲的内容仔细回忆一遍，并将笔记本上记载的知识按顺序回味一遍，如果有的地方卡住了，就在被子里面打开手电筒，再看看笔记，强记一下。老师下发的政治资料，我定会夜以继日地阅读和背诵，直至背得滚瓜烂熟。记得当年高考，总分100分的政治我考了84分。我的政治老师，后来成了省内外有名的优秀校长。

教我们历史的是一位五十来岁的男老师，他戴着眼镜，文质彬彬。老师讲的历史事件、历史人物、历史概念等，我都听得很认真。我的历史书上有很多不同颜色的圈圈点点，以此表明知识的重点与次重点之类。历史书被我翻看多次，好些书页下方的角自然卷了起来，有的书页甚至有点残缺不全。历史考试，我时常名列前茅，经常获得老师的表扬。

教我们地理的也是一位老教师。他在我们班成立了地理科目课外学习小组，我踊跃报名参加了。记得课外小组活动的时候，老师会提出很多新颖有趣的地理问题，要我们自己寻找答案。遇到疑难问题，我左思右想不得其解，就主动找老师询问，这样一个个问题便迎刃而解了。

英语，算是我的强项。班级英语单词默写比赛，我以绝对的优势拿下第一，因为教材后面附的单词表，我能从头到尾按顺序一个不少、准确无误地快速默写出来。当然，事先我会反复朗读，仔细琢磨，用心记忆。其实，记单词是有不少小窍门的，诵读记忆法、音标记忆法、观察记忆法、对比记忆法、构词记忆法和字母顺序记忆法等都是我常用的方法。

……

后来，我常常把认真听讲、做好笔记、有疑即问、用自己喜欢的方式勾画重点、采用多种方法记牢英语单词、每天晚上回顾全天课程"放电影"等作为学习体会与经验，告诉我的学生们。

我的老师们曾反复强调，要想拿到高考的入场券，必须过好预考关。我将老师们的话铭刻在心。记得预考前夕，天气渐热，教室和宿舍里的蚊子比较多，额头、手臂和小腿上经常被蚊子光顾。学校也"除四害",但蚊子除不尽,宿舍里甚至还有臭虫,有时候翻开凉席能发现"排队"爬行的臭虫,就算我眼疾手快,能掐死一个又一个虫子,但半夜醒来依然身上奇痒难受,辗转难眠。每当这个时候,我便先用床头的清凉油涂抹痒处,再强迫自己回忆白天所学的知识,一科一科地在脑中"放电影"。好在当时年轻,是十五六岁的姑娘,每晚只睡四五个小时也没问题,白天听课依然精力充沛。只是如今回想那被蚊子臭虫叮咬的难受滋味,还心有余悸。

天道酬勤,1980 年高考预考,我顺利过关!

车祸

预考一个月后就是全国高考,我的学习压力更大了,母亲助我学习的压力也更大了。

在这节骨眼上,母亲出车祸了,而且受伤的是人体最重要的部位——大脑……

得知消息,我急得大哭,也惊恐万分,似乎魂飞魄散了。我不敢想象母亲躺在车轮底下的情景!

后来听说,是母亲担水过马路回家时,在马路边被一辆急速行驶的拖拉机撞倒在地,我可怜的母亲顿时头破血流,手脚也伤痕累累。

肇事司机趁我母亲躺在血泊中起不来之际,瞬间溜之大吉。可恶的缺德的司机!

据目击者——我的一位堂嫂说,当时母亲的脑袋血肉模糊,脸上身上到处都是鲜血,目不忍睹!

好心的堂嫂和堂侄女陪着我母亲去了市立医院。据说母亲的头部缝了十多针，好在手脚等只是皮外伤。处理好伤口后，母亲她们就回家了。

我知道，母亲根本没钱住院。

哥不在家，受伤的母亲独自在家，无人照顾。我身在学校心系母亲，寝食不安，想马上飞回家看看我那可怜的母亲。

很快就要高考了，可我根本没心思读书学习……

恩人

"妈妈现在怎么样了？她受伤的脑袋已拆线了吗？出了那么多的血，她今后会不会头晕头痛呢？"这些问题一直在我脑中盘旋，困扰着我，使我"身在曹营心在汉"。"哥不在家，我该怎么办？我怎么照顾妈妈啊？"不足 16 岁的我一筹莫展。马上就要面临高考，眼前一心想着妈妈的我一脑浆糊。

正当我心急如焚的时候，村里一位在城里工作的长者出现在了我眼前。他是一位工程师，按辈分我应该称呼他"姑爷"（普通话叫姑父）。姑爷找我促膝谈心："辛花，听说你想回家，回去看妈妈，是吧？""嗯。""你回去有什么用呢？只不过看一眼妈妈罢了。你妈妈的伤口已在医院处理好了，没有生命危险了。你马上就要高考了，时间很宝贵，得抓紧时间复习功课啊！"我含泪点头。他接着又说："你妈那里，我会代你去看看的，你就留在学校好好读书吧！"我泪眼婆娑，内心既感激又很矛盾地点了点头。

后来得知，他不只是去我家看了我母亲，还买了当时很贵重的营养品——猪肉和麦乳精。那时的猪肉和麦乳精对于我家来说，堪称奢侈品。衷心感谢可亲可敬的姑爷慷慨解囊！

在我临近高考之时，姑爷还亲自赶到我学校，给我送了鸡蛋和白糖，和蔼可亲地对我说："开水冲鸡蛋加白糖，吃了有营养。你读书辛苦，必须补充营养！"他还反复叮嘱我好好复习功课，争取"鲤鱼跃农门"。双手接过姑爷手中的营养品，我哽咽不能语，只是使劲地点了点头。

姑爷对我的关心是细致入微的。记得考前我要回家一趟，他知道后，要我先去他工作的地方等他，然后随他一起上公交车，他给我买车票。当时从市里到我们村大约有十公里的路程，单程公交费是 0.25 元，平时我回家是舍不得坐车的，都是跟邻村家境不太好的一两个女同学一起步行。

姑爷是一位长者，可我却觉得他更像一位关爱女儿的父亲。他与我非亲非故，却想得如此周到，做得如此完美，真让我感激涕零！

记得高考过后，很久不见高校录取通知书，我忧心忡忡。想到姑爷在市里工作，见多识广，我便趁姑爷周末回家，跑去他家询问。姑爷又一次与我促膝谈心，特别强调要"一颗红心，两种打算"："你考上了高等学校，就努力读书，将来报效祖国，也好好回报母亲和兄长；如果没有考上，也不要灰心丧气，在家耕田种地，做个好农民，同样有出息。"

……

在我穷困潦倒的时候，他是雪中送炭的那个人；在我青春迷茫的时候，他是给我指点迷津的那个人。他从物质和精神两个层面帮助了我，让我感激不尽，永生难忘！他，就是我一辈子的大恩人——陈少林姑爷。他不是亲人却胜似亲人！

人生路上有这么好的遇见，真是我的运气和福分。

母亲的微笑

高考之后的等待是漫长的，我靠着不停地做农活来打发时间。尽管妈妈没说什么，但我清楚她内心的焦急与不安。

8月上旬，不见高校录取通知；

8月中旬，不见录取通知；

8月下旬，还是不见录取通知。

9月上旬，没有录取通知；

9月中旬，没有录取通知；

9月下旬，依然没有录取通知！

我等啊，等啊，等得心急如焚，等得茶饭不思，等得夜不能寐！

一位好心的母校老师，托同学给我带来了复读的信息，要我再去母校高二插班读一年，来年再考。我心生感激，但却不想增加母亲的负担。

我焦躁不安地继续等着，希望好运降临，奇迹出现。

正当我望穿双眼的时候，1980年10月上旬，喜讯终于来啦！我读小学时的一位恩师亲自将高校录取通知书送到了我手中，我双手颤抖着接过红彤彤的录取通知书，喜不自禁，奔走相告。

我考上郴州师范学校啦！我考上啦！

郴州师范学校定于1980年10月16日开学，开学前我得办理户口、粮食关系的迁移手续。从此，我的户口从农村迁到了城市，这意味着"鲤鱼跃龙门"——我真的跳出了"农门"，将吃上"国家粮"，将拥有"铁饭碗"。今后我每月有了工资，可以给母亲买东西了，母亲不用去别人家借米度日啦！

郴州师范学校是一所中等师范学校，属于"中专"系列，也许我算不上什么"金榜题名"，但对于那时的一个贫苦农家的女孩来说，能考上"师范"也算得上"百里挑一"了。

让一家人喜出望外的是，读师范不仅不用交学费，国家还每月补贴我们伙食费20多元。感谢党的好政策！

母亲忍不住逢人便说"我闺女考上了"，她饱经沧桑的脸上终于露出了微笑。

奖学金的用途

母亲年龄越来越大，哥哥判刑后被关押在距离我们家一百多里路程的湖南省第五监狱，进行劳动改造。我再次意识到肩上的责任重大。

1980年10月，我成了郴州师范126班的学生，全班45人，其中有23个女同学。好些女同学穿得花枝招展，而我却穿得土里土气。记得当时母亲也想方设法给我置办了一身新衣——白底碎花衬衣，军绿色长裤，解放鞋。

我正长个子，读师范第二年的时候，衣裤都嫌短了。母亲手巧，将我的裤边线拆了，买了几寸军绿色的布料，将我的裤筒加长了两寸，给我穿着正合适。

"慈母手中线，游子身上衣。"当年我想到的是母亲生我养我扶我读书的恩重如山，忽略不计的是我低头自顾时裤筒布料新旧不一的尴尬情形。

……

读书，拼命地读书！我不去跟别人比穿着打扮，只比成绩和表现。

上课，我聚精会神地听讲；下课，我依然不离座位，要么完善课堂笔记，要么预习后面的功课；晚自习，我往往到得最早走得最迟。

其实，除了读书，我也积极参加文体活动。我是学校"女子长跑队"的队员，曾荣获登山比赛"亚军"。我还是班级女高音独唱歌手，咱班的老班长（他是退伍军人，比我们大十岁）在晚会上曾用二胡给我伴奏《妹妹找哥泪花流》。

两年师范，我的学习成绩一直是班级前三名。四十年后的同学聚会，仍有好些同学记得我是班上"学习最发狠"的女生。

同学们不知情的是，我要以优异的成绩和出色的表现来换取每次五元的"奖学金"，以此来填补家用。五元，对于我们家来说已是一笔不小的钱，可以派上很多用场，尤其是可与母亲一起坐公交车去探视那令我朝思暮想的哥哥。

哥哥的婚事

青春是美好而短暂的，而我哥的青春却是充满辛酸、痛苦和无奈的。

哥年近 30 岁的时候，服刑期满，终于回到了他几年不见的家。

接下来，哥哥的婚事成了母亲的心病。孤儿寡母，家徒四壁，哪有钱娶亲？再说，进过监狱的人，名声不好，好姑娘有谁愿意嫁给他呢？

也有两个好心人来我们家做媒：一是介绍一个未读过书的智商有点低的大姑娘，那是我哥的表妹；二是介绍一个父母离异后跟着脾气暴躁的父亲过日子的大妹子。我依稀记得，两桩婚事结果都因咱家穷而未能成功。再后来，又有人牵线，介绍了一个既不识字又笨手笨脚的姑娘，这就成了我后来的嫂子。

据说，嫂子儿时患过脑膜炎，不曾进学校，既不识字，也不会算数，还不认识钱的大小，做事也不太能干。但就我们家当时的条件而言，哥能娶妻已属幸运。

哥的婚事办得很简单。

侄女之殇

哥结婚一年之后，嫂子给我们周家添了一个后代，生了一个女儿。我们一家人都很欢喜。

小侄女长得很可爱，哥哥视之为掌上明珠，呵护有加。我们家有了欢声笑语。

可是，天有不测风云。

侄女在两岁大的时候突然患病，肚子肿得大大的，人也变得面黄肌瘦。倾尽家财让她住进县人民医院治疗，多日之后仍不见好转。

后来又听人说某地有"神医"，有祖传妙方可治大肚子病，于是我们一家又踏上了寻访"神医"的路途。在资兴三都，我们找到了"救星"，只见那"神医"口中念念有词，手舞足蹈，化了一碗水给孩子喝下，然后交代我哥要"架桥修路""行善积德"等。

哥回家之后，不辞劳苦地架桥修路，行善积德，能做的都做了，可是仍未能挽救他宝贝女儿的生命。

事实证明：封建迷信救不了人的命。

顿时，一家人陷入悲痛之中……

兄长喜得贵子

记得小侄女走的那天，午睡是跟我睡，等我一觉醒来，她已没了气息，就这样无声无息地走了。我后悔不已，痛彻心扉！

也许是上天的安排，就在侄女走的当天下午，嫂子给我添了一个侄儿，哥哥喜得贵子，我们家悲喜交加。

我一直认为这是上天怜悯咱们家，才出现这样的巧合。更巧的是，侄儿一出生就会笑，这给了我们一家人好些安慰。

抱被子的巧合

读师范时，家住市区的同学的家长一般不用去学校看望子女。来自各县农村的家长如果来校看望孩子，才需要住宿，为省钱也为了多陪陪自己的子女，家长们一般都选择住我们学生宿舍。

班上一男同学的母亲远道而来学校看望她儿子，需要住宿在我们女生寝室。

晚上，那男同学的母亲抱着被子上楼去我们宿舍，路上正巧碰见我，我见阿姨慈眉善目，笑容满面，于是主动帮她把被子抱到了我们宿舍的空床上，阿姨笑着用不太标准的普通话谢谢我。

没想到，后来她竟成了我的婆婆。真是缘分啦！

掀开我"盖头"的男孩

我一直是一个爱看书的女孩。有一天，发现班上一男孩有一本我非常喜欢的书（书名早就忘了），于是我向他借来了，课余躲在床上看，如饥似渴，爱不释手。

过了些日子，见我未还他书，他跑来我们宿舍找我，我正斜倚着叠成四方形的被子看书，他竟掀开我的"盖头"——洁白的蚊帐，拿走了他的书，羞得我一脸通红。

这个有点"小气"的男孩后来就成了我的先生，我的爱人。真是无巧不成书啊！

家乡的桃子

我的家乡有几片桃林，每年桃子成熟的时候，每家每户就能分到一些桃子，那是我当时能吃到的最好的水果。

有一天，母亲送了些桃子去师范学校给我吃。晚自习前，我选了一个好吃的桃子洗干净，揣在衣袋里，带进了教室。下了晚自习，等同学们陆续离开教室之后，就剩下我和他（那个掀开我蚊帐的男孩——小欧阳），于是我鼓足勇气，从口袋里拿出桃子羞答答地递给了他。

从那以后，我俩有了聊天的记录。

知音

有一天晚自习之后，我和小欧阳照例去了学校教学楼前面的那片红砖场，促膝谈心。我们谈学习，谈生活，谈校园趣事，谈家乡风土人情，谈个人兴趣爱好，等等，似乎总有说不完的话。

我说："平时我不喜欢多说话，我喜欢默默地做自己的事情。"小欧阳脱口而出："我就喜欢这种性格。"也许他说者无意，可我听者却有心。他那"喜欢"二字羞红了我的脸，使我这颗少女之心怦怦直跳，旋即陷入甜甜的遐想之中。

从那刻起，我就觉得自己找到了知音。

"山青青，水碧碧，高山流水韵依依……"在班级元旦晚会上，我倾情演唱了名曲《知音》，绝对的女高音。多年后欧阳才告诉我，那一曲《知音》俘获了他的心。

甜蜜的夜晚

两年的师范学习生活不知不觉就进入尾声了，真怨时间老人走得太快太快。

毕业前夕，我和欧阳有点依依不舍。咱俩相约漫步校园，畅谈理想，展望未来。

我俩一前一后地慢慢走着，两人相隔几米远，路人根本不会怀疑咱俩的关系。

走着走着，就到了校园里一个僻静的地方，开始窃窃私语……

我们静静地坐着，时而轻声细语地聊着，时而甜甜地笑着，时而含情脉脉地注视着对方。就这样，我们坐了整整一个晚上，直到天蒙蒙亮才各自悄悄地溜回宿舍。

记得他说过很喜欢我那张"郴州师范长跑女队留影"，说我淡淡的笑容看上去很美很清纯，可我没有给他，因为我懂得女孩的照片是不能随便给男孩的。也记得他深情地对我说过："毕业后一定多联系，无论天涯海角！"说完后，我俩还伸出手指拉了勾勾，表示"一言为定，决不反悔"。

……

那一晚，我们聊得很开心，幸福洋溢在我们脸上，甜蜜渗入了我们的心田。

这就是我们的初恋。

傻傻的我，憨憨的他，我们就这样成了一对永不分离的"小冤家"。

乡村女教师

1982 年 8 月，我被郴县教育局分配到了郴县同和中学任教，从此成了一名乡村女教师。

我有工作啦，每月可以领工资了，母亲喜上眉梢。

开学报到之日，母亲和我一起挑着铺盖，担着行李，翻山越岭，走了近二十里山路才到达目的地——同和中学。

学校不大，就几栋房子，一块草坪。领导安排我住在教学楼二楼的一个几平方米的小房间，出门要路过女生寝室才可到走廊，一楼则是几间教室。

同一批分到这所学校的还有两个师范生，一个姓肖一个姓何，都是男生，其中那个姓何的是我郴州师范的校友。

记得当时整所学校就两个女教师——校长夫人和我。18岁的我高高的，瘦瘦的，扎着两个长长的辫子，看上去是一个很朴素很柔美的姑娘。学校附近有一条小河，那是洗衣的地方。每次去洗衣，总能碰上几个村姑村妇，她们总以为我是某某男老师的妹妹。

作为学校唯一的未婚女教师，我经常能享受到男老师的关爱。记得有一次男同胞们从附近村里买来一条土狗（其实当时没有"土狗"一说的），打牙祭（聚餐），他们七手八脚忙了大半天，而我却躲在自己的"闺房"里忙着自己的事。开餐时，几位男老师把饭菜都送到了我房间，他们特意给我盛了一大碗香喷喷的狗肉，要我趁热吃。那种备受关爱的感觉真好！

……

当时同和中心完小设在我们中学校内，全乡中小学教师开会的会场也设在我们学校。因为有开会的机会，所以我这个新来的初中女教师也就备受关注了。记得有一次，我一个学生悄悄地递给我一封信，我有些莫名其妙，拆开一看，立即羞红了脸——那是一位教小学语文的男教师写给我的热情洋溢的情书。我惊诧不已，因为我根本不认识他！

我心里早已有个"他"——我的小欧阳，于是我毫不犹豫地给那位男老师回信一封，大概意思是"天涯何处无芳草"，叫他另寻"芳草"。

也记得住我隔壁房间的男老师李某，有一天找我表白他的心，还说他家是多么富裕，立即被我断然拒绝。我是嫌贫爱富的姑娘吗？这人也太不懂本姑娘的心啦！之后，他竟然在隔壁房间哭了一天一夜，企图用哭声来软化我的心，好一个"单相思"！本姑娘早已名花有主，哭也白搭。

……

我在同和中学，主要任教英语和音乐，也兼任过生物和政治，还担任学校的出纳。课余时间，我的房间里往往有女弟子围着我，我弹琴（学校的脚踏风琴），她们唱歌，好不惬意！记得当时弟子们唱得较多的歌曲是《我爱米兰》《海娃》《小白杨》《故乡的云》《酒干倘卖无》《敢问路在何方》等，而我私下喜欢的还有《知音》《读你》《昨夜星辰》《星星知我心》《十五的月亮》《我们的生活充满阳光》之类。傍晚时分，有时带上几个女弟子，沿着河边的小路跑步锻炼，随手采上一把路边的野花，一路哼着小曲儿，那感觉真是美美的！当春笋冒出地面的时候，我的爱徒便会约我一起上山扯竹笋，再顺便采上几枝杜鹃花，美化我的居室，愉悦我的心情。

当时我们学校给每位老师分有一小块荒地，给大家种点小菜之类。我的一些学生课余便七手八脚地帮我开垦荒地、浇上土肥、播撒种子。待种子发芽后，他们又不时地随我一起给蔬菜浇水、施肥、除草，并随时观察蔬菜的生长情况。到了收获蔬菜的时候，弟子们又会兴高采烈地帮我采摘蔬菜。

有时我会邀请几个非常亲近的弟子跟我一起吃餐饭，随便炒个小菜、煎一碗鸡蛋或煮一碗面条什么的，大家也吃得津津有味，尽管那时我炒菜的水平非常有限。

……

如今想来，我和我的弟子们真的是亦师亦友的关系，可以说情同姐妹或姐弟。实际上，当年十八九岁的我也就比他们大四五岁。

让我十分欣慰的是，当年经常出入我房间的几个女弟子长大后都成了"我"——光荣的人民教师，其中还有被评为"最美北湖人""湖南省最可爱乡村教师"的李姝芳同学。

……

后来，为了接收欧阳写给我的每周一封的"情书"，我又无条件地成了学校的收发员，住进了收发室。

那时年轻，精力旺盛，根本不知道什么叫"累"。

很怀念在乡村中学教书的那几年时光！

离家出走的姑娘

"毕业后一定多联系，无论天涯海角！"这是师范毕业之际欧阳私下对我说的情意绵绵的话，我随时记在心上。

之后，我们天各一涯。我在郴县同和中学，他在桂阳四中（飞仙），我俩相距上百里。学校的几位年轻男同事得知我心有所属，不止一次地调侃道："我们内销都不够，你还出国！"

恋爱中的姑娘是胆大的，我就是这样的一个姑娘。

1983 年暑假，我竟然离家出走了！事先也没告诉我慈祥善良的母亲。

我应欧阳的邀请，独自坐公交车去了桂阳县城，与他会合（他当时在县城开会），然后随他坐公交车又去了他家——欧阳海乡一个美丽的小山村。

　　我自然受到了欧阳家全家人的欢迎和款待。他上了年龄的外婆亲自下厨，老人家做的那道"豆腐粑粑"——将猪肉跟白豆腐一起剁碎，做成一个个圆饼状，再用文火煎至两面金黄，吃起来简直是天下难得的美味！记得欧阳的叔母还亲自为我盛饭，笑眯眯地跟我聊天，我听不懂的方言则由欧阳翻译成普通话。欧阳的父母在我临走时硬是塞了个大红包给我，还吩咐欧阳将我送到县城。一句话，他们一大家子人都把我当成了欧阳的女朋友来招待，而不是把我当成欧阳的女同学来看待。

　　还值得一提的是，我初次去欧阳的家乡，他带着我去村里房前屋后到处转悠，我以为是让我欣赏他家乡的风景，可是越走越远，他竟然带着我去他们村后的山上跪拜了几位祖宗！小小年龄的他竟如此成熟、老练和孝道，真是出乎我的意料！

　　……

　　据说，母亲发现我突然不见了，急得不行，发动家人四处寻找，后又请同宗族的叔伯兄弟到处打听我的消息。

　　几天后，我回到家，母亲那焦虑不安的神情还写在脸上。罪过啊，罪过！

　　小说中有恋人"私奔"的情节，我这行为恐怕也算"私奔"了。

　　一个十八九岁的姑娘，男孩还没来找自己，自己就先去男孩家了，这成何体统！再说，农村里的女孩找婆家，既没有"媒妁之言"，又没有"父母之命"，这不反传统吗？为了见心中的他，竟然让自家人急得团团转，到处寻找，就差张贴"寻人启事"了。那次错误的行动，我至今仍不能原谅自己！

　　记得当时我还在心里为自己辩护："我这不是去偷偷会情郎，而是守信用去见同学，因为我们拉过勾。"我就这么傻乎乎的，简直是傻姑娘一个！

山路弯弯

那一条弯弯的山路，我永生难忘，我相信欧阳也不会忘记。

1982 年至 1985 年，最幸福的日子莫过于欧阳"百里迢迢"来我学校看我。他要选择周末或节假日，走好几里黄泥路，才能坐上进桂阳县城的公交车，然后换乘去郴州的公交车，到招旅（地名）附近的二工区下车，再翻山越岭走八九里山路，才能见到我。一个干部子弟，为了我能吃这样的苦，我心生感动！

正处于热恋中的我们，一日不见如隔三秋，短暂的欢聚自是甜甜蜜蜜，如胶似漆。短短的一天之后，他要返回单位，我自是"十里相送"，难舍难分。

每次送欧阳返校，我俩会手牵着手，慢慢地走那一段长长的弯弯的山路，而且总觉得那一段曲曲折折的山路太短太短。到了二工区，目送着他乘车远去后，我的心便空落落的，怅惘若失。独自沿着那弯弯的山路返回，只能形影相吊了，这个时候，才真切地感受到那弯弯的山路太长太长。

两情相悦，却天各一涯，"便纵有千种风情，更与何人说！"相爱很甜，相思却很苦很苦，苦得我神不守舍，苦得我茶饭不思，苦得我夜不能寐，苦得我望穿秋水。

有时为了见上他一面，我也会拿出勇气，百里迢迢，不辞辛苦地跑到他学校去。但坐车之前，我得独自翻山越岭走那八九里山路。那弯弯的山路上，有小鸟，有松鼠，有野兔，还有爬行的长蛇，任何一点响动都足以让我心惊胆战，即便如此，为了见我的小欧阳，我也会欣然前往！

山路弯弯，弯弯的山路，见证了我们忠贞不渝的爱情。

……

一对一的辅导老师

1985年上学期，学校得到通知，符合条件的年轻老师可以报考郴州市教师进修学院（脱产进修），名额有限。学校领导推荐我去报考，考中文进修班。

带工资读书拿文凭，这是很多人求之不得的，可是当年没有英语进修班，而我教的是英语，考的却是中文，咋办？

先报名，再复习，就这么定了。

接下来我进入了紧张的备考阶段，一边上班，一边看书复习功课。跟高考生一样，我得全面复习语文、数学、英语、历史、地理和政治六科，而其中的数学和地理是我的弱势科目，咋办？找我的欧阳帮忙，他的数学和地理可是棒棒的！

为了帮我复习迎考，他周末来我学校的次数明显地增加了。他认真地科学地指导我复习数学和地理，不厌其烦地为我讲解难题，颇有技巧地指点我识记相关知识，他成了我一对一的辅导老师。每每饭后，漫步于我校附近的小河边，他便一边散步一边给我复习功课。欧阳对中学地理教材烂熟于心，脱稿授课，合理取舍，还帮助我强化地域空间概念，不需太多时间，很多重点知识就"灌"进了我的脑海。

……

开考啦！我信心满满地走进了考点——郴州市三中。记得当时的成人高考纪律严明，考室前门后门都有扛枪的人把守。我向来就是"学霸",向来就是心无旁骛地做考题,考场纪律越严对我越有好处。

数日之后,成绩揭晓,我以高分被录取。

1985年9月,我成了郴州市教师进修学院中文二班的学生,我带工资上大学啦!

当然忘不了我那一对一的辅导老师——我的小欧阳,他可是功不可没!咱俩的感情继续升温。

教师进修学院的故事

1985年9月至1987年7月,我带薪就读于郴州市教师进修学院,主攻汉语言文学专业。

好学上进,依然是我的本色。勤奋努力的我,学习成绩自然是名列前茅。两年时光,我如饥似渴地吸取汉语言文学方面的知识,绝对没有虚度光阴。

引以为豪的还有几件小事:

记得我们中文二班举行了一次诗歌朗诵比赛,我荣获了第一名。中文二班,也算是人才济济,学校播音员就在我们班,但我凭借自己声情并茂的朗诵硬是赢得了评委们的最高分!

也记得学校举行过乒乓球比赛,我凭着儿时的那几招球技,竟然获得了女子组单打冠军,为此我有点小小的得意。

还记得进修期间的暑假,我接到来自我单位——同和中学的通知,要我参加郴州市中小学英语教师培训,地点设在郴州市一中,我二话没说就去参加学习了。很巧,我初中时的英语老师也在一起学习,咱们师徒同班,成了同窗。学习结束前,我们都参加了结业考试（要拿结业证），没想到成绩出来后，我竟然是上百名学员中的第一名，而我的初中英语老师却是倒数第一名。我顿时有一种"青出于蓝胜于蓝"的骄傲感，但骄傲的同时又不免夹杂着丝丝忧虑——我们农村中学的英语教师素质亟待提高啊！

也忘不了我脱产进修期间，我的欧阳也是教师进修学院的学生，中文函授班学员。每当他来学校参加面授学习，那就是我俩最幸福的时光。共同的爱好——文学，拉近了我们两颗心的距离。我们会一起探讨文学，一起聊学习体会，一起就餐，一起散步，一起攀登苏仙岭。还记得春风拂面的一个周末，他借来一辆自行车，叫我坐在车的后座上，我便用纤纤玉手扶住他的腰，然后一路欢声笑语，不多久就到了我家。母亲见到我俩之后，笑得合不拢嘴，紧接着便忙开了：将餐桌椅擦得一尘不染，再斟上开水（咱家没有茶叶），摆上零食，精心准备几道最好的下饭菜。妈妈是不会亏待她的准女婿的。三十多年后的今天想来，那自行车后座上的女孩和她的情郎还是蛮幸福的。后来，欧阳也多次回忆说："妈妈煮的茄子真好吃！"

我一直认为，成年人的爱情是荒废不了学业的，相反还可以促进学习——

为了考进修学院，他给我的一对一的辅导是很有效果的；我脱产进修汉语言文学专业，他函授学习汉语言文学专业，因专业相同，我俩是互相学习，互相探讨，共同进步，两人的学习成绩都是在各自的班级名列前茅；在他的鼓励和帮助下，我还拿到了长春电影制片厂的歌曲创作函授文凭，虽然这文凭对后来的我没多大用处，但学习的过程却丰富了我的业余生活和人生经历，提升了我欣赏音乐作品的能力，同时也增进了我和欧阳之间的感情。

我俩如饥似渴地学习新知识，同时也幸福着我们的幸福！

有情人终成眷属

从教师进修学院毕业，我被分配到了郴县职业中专学校（曾经的郴县四中校址，位于华塘镇附近）任教语文，欧阳依然在距离县城百余里的桂阳四中任教，我们依然天各一涯。千山万水能阻隔我们的视线，却阻隔不了我们魂牵梦绕的相思之情。

1987 年 10 月 1 日，我和我的欧阳终于走进了婚姻的殿堂，有情人终成眷属！

没有父母之命，没有媒妁之言，就因志趣相投、爱好一致，我俩便幸福地走到了一起。

记得他家给我娘家下了上千元聘礼。母亲和兄长用聘礼给我置办了好些嫁妆：婚服，婚被，皮箱，圆餐桌，皮沙发，还有凤凰牌自行车；还请师傅做了两个大木箱和八张红方凳。也许在有钱人看来他家的聘礼不算丰厚，我家置办的嫁妆也显得寒碜，但这并不影响我俩的感情。

没有漂亮的婚纱照，没有洁白的婚纱裙，没有排成长龙式的婚车队，也没有隆重的婚庆仪式，甚至连宴席都是设在我婆婆所在的小学——桂阳人民完小的简陋的教室里，但这一切也并不影响我俩的感情。婆婆的同事们个个动手，一场简单而热闹的婚宴办得非常顺利圆满！

婚礼之后，我俩又各自回到了自己的工作岗位，继续过着牛郎织女式的日子。"两情若是久长时，又岂在朝朝暮暮！"这古人的诗句便成了我们自我安慰的最好托词。

在和欧阳聚少离多的日子里，好在有母亲在身边，照顾身怀六甲行动越来越不方便的我。至今想来，我欠母亲的真是太多太多！

分娩之幸

身怀六甲的少妇，在很多家庭都是重点保护对象，生活也往往是养尊处优的，可当时我身边只有年迈的母亲和年幼的侄儿，我是家庭的主要劳动力。

当时是计划供应粮食，多亏欧阳想办法，几次从桂阳买来上百斤的大米，我们才得以填饱肚子。

也许很多人不会相信，十月怀胎期间，我买过的水果只有30斤橘子，那还是因为一同事的亲戚拖了一车橘子在学校销售。30斤橘子，我和母亲用两个纸箱子装好，上面盖上松树枝，以便保存，这是同事们教的储存办法。只是侄儿尚小，有点嘴馋，不多久那橘子也就没了。

孩子出生的前一天，我还跟同事去华塘镇上赶集了，买回一大篮白菜萝卜，还特意买了一个软软的香香的油粑子（桂阳人称"油叫"）犒劳自己。

记得那年冬天的大雪节气，我照例上班，照常上课，只是中途感觉身体有些不适。当天中午，我还抽空洗了一桶衣服，水龙头就在家门口，感觉挺方便的。

晚饭后，我觉得肚子有些不对劲，隐隐约约在痛。随着时间的推移，肚子痛得越来越厉害，简直不可名状！站着，坐着，躺着，睡着，都不是滋味，难受极了！母亲见状，知道我是要生孩子了，急坏了，立即找邻居找校医帮忙。校医是一位六十多岁的男同志，不懂接生，只嘱咐我要使劲用力。热心的邻居李老师马上通知了学校领导和几个年轻的同事，大家分别行动：校长打电话找汽车，希望送我去距离学校二三里路远的华塘镇医院；校长夫人赶快给我找婴儿用品，包被、棉衣、尿布之类；年轻的女同事戴老师尽快从学校小卖店（她嫂子的店）拿来了一大沓卫生纸。母亲给我煮了艾叶蛋，叫我一定得吃下去，说是吃了就有力气。我从床上艰难地坐起，含泪忍痛吃了艾叶蛋，然后再双手使劲抓住床栏杆，闭上眼睛，一阵一阵地在被子底下用力，撕心裂肺的阵痛和用力过猛后的疲倦一次次向我袭来，汗水和泪水交织在一块儿，全身上下的筋骨似乎在撕裂，隐隐约约中仿佛听到了骨头炸裂的声音……

慢慢地，慢慢地，我终于感觉到了一个小脑袋在往外挤，我咬紧牙关，使劲地用力，似乎那小脑袋也在跟我一起用力，我心想："孩子啊，你真棒！你竟然会帮妈妈的忙，好样的！"时隔一会儿，又感觉没动静了。"孩子，你怎么啦？怎么又不动啦？你累了吗？继续加油啊！""妈妈也累啦，有些筋疲力尽了，我再坚持坚持吧！""可是，可是你那小脑袋出来的速度怎么这么缓慢啊？""孩子，加油！""孩子啊，千万别被卡住！""孩子啊，你的脑袋有点大哦，是个聪明的小家伙，对吧？""我们再一起加油：一，二，三；一，二，三！……""快了，快了！"身旁的母亲和李老师等人都在为我鼓劲，都要我"继续用力！继续用力！"，可是我的力气早就用完啦！

休息片刻，继续使劲，继续加油，继续努力！……

母亲见我满头大汗，心疼地用手拭去我额头的汗珠，反复嘱咐我："花的，再加一把劲！快了！"

……

慢慢地，慢慢地，终于听到了我宝贝的微弱哭声！此时的我早已汗透衣背，两鬓的青丝在"滴水"，鲜血染红了床单一大片，简直惨不忍睹！

很欣慰，一个小生命终于诞生了！有个在场的女老师小心翼翼地掀开了我的被子，然后欣喜若狂地告诉我母亲和其他同事："生了个崽，生了个崽！走运，走运！"大家都在为我高兴，而我却深深地陷入了焦急与担心：担心孩子的哭声不是很响亮；担心孩子嘴里的淤血被吞进去，对孩子不利。我心急如焚，知道脐带还连着孩子，小生命赤裸裸地躺在床上，身边没有接生员！我的天啦，怎么办，怎么办？

有同事说学校附近村子有一位接生婆。说时迟那时快，戴老师和李副校长夫人立即出发，打着手电筒，朝着大概两里路远的村子快步走去，去帮我请接生婆。我担心孩子在被子里面太闷，便吃力地拱起双脚，给孩子透透气，心里焦急地期盼着接生婆早点到来。

祖宗保佑！大约半小时之后，戴老师她们就领着一位五十岁左右的接生婆到了我家。还好，接生婆受过正规训练，懂得消毒工具和规范操作。只见她动作迅速地剪掉了脐带，帮我接生了孩子。孩子安然无恙，母亲和我，还有身边的同事们，都欣喜地露出了笑容。

谢天谢地谢祖宗，更感谢身边的亲人和同事，是他们齐心协力帮我渡过了人生的一大难关。

分娩的那天，我永生难忘！

……

孩子啊，你真勇敢。妈妈还没来得及去医院妇产科，校长伯伯请来接我们去医院的车还在路上，你就迫不及待地出来看世界啦！

孩子啊，你真幸运。在条件不成熟的情况下，身边有那么多好心人帮助我们，让我们母子得以平安健康！

孩子啊，也请你原谅爸爸妈妈年轻无知，准备不充分，委屈你了，没能给你提供良好的降生条件。

本来离预产期还有十来天，我还没来得及写好请假条，哪知我的小宝贝你就蹦出来啦！

好事多磨

说句心里话，我也曾从心底羡慕那些身怀六甲时天天有爱人在身边倍加呵护的准妈妈，更羡慕那些生产时能被丈夫握着手、传递爱的力量的产妇，羡慕那些能享受良好的医疗条件而安全生下孩子的女人。对此，孩子他爸也总是每每内心带愧多次提及。

几十年后的今天回想起我生孩子的全过程，依然有些不寒而栗。值得庆幸的是，我和孩子都算命大，在毫无安全保障的艰难条件下，竟然遇见了那么多好心人，竟然找到了一位能规范操作的乡村接生员，真是万幸啊！

记得孩子出生的第二天上午，他爷爷奶奶心急火燎地赶来了我所在的学校，他们给我带来了好些补身体的土鸡蛋，可是，却没有带来早就准备好了的孩子的衣物和尿片。为什么？我迷惑不解！

从公公婆婆见我母子平安后欣喜不已的脸上，我似乎读懂了什么。原来，是我校校长打电话给我婆婆所在的学校了，接听电话的是门卫，他把"她儿媳生产了"错听成"她儿媳流产了"！唉，真让人啼笑皆非啊！也许是我校校长普通话不够标准，那报喜的措辞又太书面味，抑或是接听电话的门卫文化水平低了点没听懂。这天大的错误害得我公公婆婆一宿寝食难安，心急如焚，又害得他们马不停蹄地返回桂阳去拿早已备好的婴儿用品。

这就叫好事多磨吧！

记得我那浸透鲜血的床单，是婆婆拿到我学校附近的小河里去清洗干净的。她洗了很久，真是辛苦她了。

……

我的欧阳——孩子他爸是第三天下午才看到自己的孩子的。因为他接到报喜的电报时已是第二天，加上当时交通不便，他所在的学校离县城较远，每天只有一趟公交车，而且进城后还得转车去我校，一路上所花的时间就得大半天。

欧阳见我们母子平安，自是喜不自禁。他请了一周的假，专门伺候月子中的我，我终于享受到了被丈夫宠爱的滋味。

得知我生孩子的全过程后，欧阳非常内疚。后来他频频提及，还表态说："就凭这一惊险经历，以后也得好好地对待你们母子。"

……

也许是孩子在娘肚子里的时候营养不良，生下来时是一个小不点，体重大约五斤，小胳膊小腿的，一看就让人心生怜悯，不过那脑袋倒是有点大，是个"大头儿子"。我是不敢给孩子洗澡的，因为他那手脚都太小太嫩，倒是孩子他爸还挺能干的，观摩了三次接生员给孩子洗澡的全过程后，他就自己动手给宝贝儿子洗澡啦，真值得表扬！

有我母亲和欧阳的精心照顾，一周后我就能自己下床活动了，也能上公厕了。当时我们住的那间10平方米左右的陋室是没有卫生间的。

坐月子的滋味

生下孩子的第一周，我是在自己学校度过的，虽然行动不便，但有母亲和欧阳在身边，也觉得很幸福。

得知我生了孩子，我哥买了近二十只土鸡送给我坐月子吃。这份血浓于水的亲情很是让我感动。

一周之后，欧阳要上班了，孩子的爷爷便请人开车把我们母子接去了桂阳，住在婆婆所在的人民完小，照顾我们母子的重担就落在了我婆婆身上。

婆婆很能干，天天清早起来就杀鸡炖汤，把我的月子餐煮好放在桌上，然后才按时去上班。土鸡汤，黄花菜瘦肉汤，粉丝炖猪肉，甜酒煮鸡蛋等，这些平时难以吃到的美食成了我坐月子天天必吃的营养餐，我过上了养尊处优的日子。

因为我的月子餐有着丰富的营养，我那小不丁点的儿子也就有了足够的母乳吃，一个月之后竟长得白白胖胖啦！

自从有了儿子，我精神世界更加充实。看着儿子一天比一天大，我心里的喜悦感满足感是难以用言语来形容的。美中不足的是，我的欧阳不在身边，婆婆又忙于工作和家务，我内心深处便会不时生出一丝孤独和寂寞来。本来嘛，我是学文学的，又向来多愁善感。

……

坐月子的滋味很甜美，但也夹杂着丁点儿思念丈夫的苦味儿。

看车车

在桂阳住了三十多天，我和孩子又回到了自己的小家。我和欧阳依然过着"天各一方"的日子。

一般来说，我们能半个月相聚一次就不错了。记得欧阳每次风尘仆仆地从桂阳四中赶来郴县职中，见了宝贝儿子直想抱抱，可儿子总是挥动小手拒绝他抱——是认生，还是生他爸爸的气呢？有点说不清。

周末的团聚是短暂的，因为欧阳花在路上的时间就得数小时。每每他周六下午到家，周日早饭后又得坐公交车返校。我们的宝贝儿子往往要周日早晨才认他爸，才要他爸抱抱。抱不了多久，他爸就得去我校对面的公路边等公交车返回了。每次见他爸要走，孩子都哇哇大哭，于是我就抱着孩子站在校门口"看车车"，目送着他爸远去。

有空的时候，我也常抱着孩子去校门口"看车车"，将思念寄托在那一辆又一辆飞驰而去的郴州至桂阳的公共汽车上。

这样"看车车"的日子一晃过了四年。

"调皮"的儿子

记得当时的规定产假是一个月，因为我是晚婚晚育，就有45天休息。之后，是70多岁的母亲帮我带孩子，我照常上班。

儿子很乖，不轻易哭闹，长得也很快，只是越大就越不老实啦。记得他五个月大的时候，有一次他吃饱后就睡了，我把他放在床上，盖好被子，可是我离开没几分钟，就听见了哭声，赶到房间一看，简直把我吓坏了——儿子他趴在地上啦！我的天啦，床离地面少说也有四十厘米高，我儿是怎么滚下去的？我不敢想象！还好，"床神"保佑，我儿安然无恙。

儿子半岁时，就牙牙学语了。他开口说的第一个词就是"妈妈"，这真让我欣慰！

随着时间的推移，耳畔经常响起"妈妈，抱，抱！""妈妈，抱抱！""妈妈，抱崽崽！""妈妈抱崽崽！"之类的稚嫩童音，每次听到这可爱的呼唤声，我都会无条件地"投降"，马上放下手头的事情，抱起他，亲亲再说！几十年后听到李玫瑾老师的讲座：一定要及时回应孩子的情感需求，先立恩后立威等，欣喜地觉得自己的育儿方法跟专家的说法也比较吻合。

记得有一天晚上，我在家备课，儿子在我办公桌旁边的床上玩玩具。玩着玩着，他又撒娇要我抱抱，于是我就抱着他看书写字，没想到他也从我桌上拿起一支铅笔，顺手就在我摊开的字典上乱写乱画，画得一塌糊涂，让我哭笑不得，但我没有任何指责和不满。那本被儿子涂鸦过的《现代汉语词典》，三十多年了，我还珍藏着。

也记得当时家里有一架小电子琴，我闲着的时候就喜欢把琴放在家里的办公桌上，自弹自唱。儿子似乎受了胎教的影响，也对琴声歌声很感兴趣。当我弹琴的时候，他也会咿咿呀呀地"唱歌"，如果我有事离开了电子琴，他会立即爬上我的办公椅，双膝跪在椅子上，双手飞快地乱弹琴。他那小调皮的样子，我至今都忍俊不禁。

最后悔的事情

众所周知，孩子学步的时候是最难看管的。将近一岁时，我儿也开始学走路了。

真是初生牛犊不怕虎，他步子还走不太稳，就随时想飞跑，我和他外婆得随时紧跟其后，给他做保镖。

唉，"保镖"也有疏忽的时候。一天傍晚，我炒好菜，母亲在准备碗筷，我们打算吃晚饭，儿子自个儿在玩耍：他从自家门口的走廊上颤颤巍巍地跑进屋里，然后又从屋里颤颤巍巍地跑向走廊，一次又一次，不知疲倦，兴致挺高的，我们多次提醒他："小心一点，别跑快啦！"可他仍然一边跑一边嘎嘎笑。突然，一不小心他在家门口摔倒了，更糟糕的是炒完菜不久的藕煤炉就在门边。我的天啊，他的右脸贴在了藕煤炉上！尽管炉盖早已盖好，但那粉嫩嫩的小脸还是被烫伤了，没多久就出现了很多水泡泡，吓得我直哆嗦！马上抱着儿子往几里路远的华塘镇医院飞跑，我双手紧紧地抱着他，双脚机械地往前飞奔，心疼得泪水止不住地往下掉，我真是后悔到了极点！

……

从医院返回家的路上，我跟儿子说了好些道理，尤其是反复叮嘱他别用小手去抓受伤的小脸蛋，因为脸上涂抹了"药药"——烫伤膏。

我儿还真是懂事，从受伤到结痂再到痂皮脱落，他一直忍着，从未去抓过那小脸蛋。要知道痂皮脱落时，那受伤处肯定是痒痒的，很难受。每当这个时候，儿子就对我们说"手手不抓"，用这个办法自我管束自我克制。小小年纪的他，那么听话，那么有克制力，真是令我惊讶和佩服！看来，只要家长认真说清楚，再小的孩子也能听进去一些道理。

不幸中之万幸，那就是儿子的右脸没有留下疤痕，要不然我一辈子也原谅不了自己。

几天后的周末，我们家的火炉子就用一个特制的木框框围了起来，这是孩子他爸找木匠想的办法。

淘气的小宝贝

记得当时我们学校所有老师住的都是公房，平房，屋顶盖的都是旧式瓦片。

我家住的地方，有点四合院的味道，周边都是房子，中间是一块空坪。

家门前的那块空坪，就是"四合院"里的孩子们玩耍的好地方。我两岁左右的儿子，特胆大，能走会跑，一刻也不闲着。

有一天，路面还不太干，孩子们就跑出去玩了。嘻嘻哈哈的童音不时从外面飞进屋内。突然，哭声响起。我闻声跑出门去，却只闻哭声不见儿子。住我家斜对面的孩子告诉我："你鹏鹏摔跤了！"我冲过去一看，只见我儿摔倒在他家门口的水沟里了。我顿时吓坏了，因为那水沟比空坪地面要低四五十厘米呐！胆战心惊地抱起孩子，立即发现他额头长出了一个青紫色的大包包，我的心都碎了！我简直不敢设想儿子是怎么从空坪的边沿掉下水沟的。

我自然知道小孩子摔跤很正常，但眼见自己的小宝贝摔成那样，自是免不了心疼难受。

平时，我带他到校园里玩，他从来就不爱走平坦的路面，总爱选择坑坑洼洼的地方走，见到有小小的水坑，他会很兴奋地踩上几脚，哪怕脏水四溅，真是个小淘气！

其实，"小淘气"喜欢走凹凸不平的路，那是对外部世界充满好奇而急于探索的行为，我们不必大惊小怪或横加阻止。

最让我们头疼的还是吃饭问题。儿子特别贪玩，不知疲倦，也不怕饿肚子。每餐饭，他吃不了几口就跑外面玩去了。好在他外婆有耐心，端着一小碗饭，跟在小外孙屁股后面，一边走一边喂，不喂饱决不罢休。一碗饭喂完，婆孙俩早就把校园道路走了好几遍。

端着碗边走边喂孩子的传统做法虽不科学，但却很好地体现了长辈对晚辈的疼爱之心。当然，培养孩子"该吃就吃，该玩就玩"的好习惯是我们做父母的义不容辞的责任。

后来，孩子他爸买了一辆童车。这下可好啦，儿子成天就推着那童车在校园里到处跑，可怜他七十多岁的外婆随时紧跟其后做"保镖"。每每围着校园转一圈回来，我会发现我那宝贝儿子挺有收获的：那童车篮子里，往往装有他一路上拾捡的小石子，或是小草小花小树叶。有时候，他也会把自己的小玩具车放在童车座位上，然后推着他的童车四处跑。

没过多久，儿子就能骑着小童车到处跑了。这下就更糟糕啦，他外婆担心他摔跤，只好天天跟在他后面跑，每每跑一圈回家，他外婆就上气不接下气，气喘吁吁。

我淘气的小宝贝啊，你可知道外婆为你付出了多少心血和汗水！

大团圆

两地分居的日子是难熬的，我和欧阳却熬了整整八年。在天各一涯的 2900 多个日子里，相互之间的思念与牵挂是一言难尽的。

不是我们没想办法，而是现实太残酷。当时我公公也是一名干部，婆婆是一名小学教师，他们也认识当地教育局好几位领导，也曾多次向领导反映我们的具体情况，希望将我调入桂阳任教，以解决夫妻两地分居的实际问题。但我是外县人，要进桂阳城有些麻烦，户口问题难以解决。再说，我们郴县教育局也不愿放人。后来，我们又多方打听信息，想采取两地互换教师的办法来解决问题，也仍未成功。再后来，得知我大学一女同学想去郴州那边任教，因为她丈夫在郴州工作，于是我们一起努力，再次向领导提出"互换教师"的办法，加上我公公也想办法解决了我进城的户口问题，于是我的调动之事才有了实质性的进展。

1991 年 8 月，我终于从郴县职业中专学校正式调入了桂阳县第一中学，而早在两年之前我孩子他爸就已调入桂阳一中，于是我们一家五口终于团圆，我母亲和侄儿也随我来了桂阳。这一年，我们的宝贝儿子已近四岁。

我一直认为，夫妻分居两地既不利于工作，也不利于孩子的健康成长。

特尴尬的一幕

在郴县职业中专时，我们每位老师都分有种菜的土，我和母亲可以种点小菜以填补家用。

来到桂阳之后，五口之家，连小菜都得买，再加上侄儿读书的费用也是我们负担，于是我和欧阳两人的工资总有点入不敷出。

记得当时我们喜欢买猪血做菜，因为五毛钱就一大碗，很划算。

1992 年的夏天，粮食供应改革，粮票划拨票即将作废。有人不需要粮站供粮指标，有人不需要粮票划拨票，欧阳如获至宝，把他能找来的计划供粮指标全部用上，一次买来 0.147 元/斤的指标米 720 斤，因为那时我们一家五口尚处于解决温饱问题的阶段。

有一天，我带儿子逛街，进了一家商店。儿子一眼就瞧见了玩具柜台，对玻璃柜里的玩具消防车特感兴趣，眼睛盯着那消防车，站在那儿一动不动。我买了点生活用品后，想牵着儿子的手回家，可他的双脚却纹丝不动，被我抓着的那只小手也甩开了我的大手。我偷偷瞟了一眼他看中的消防车玩具，要 9 元多钱，心想太贵了，不能买，也没钱买。再次去拉儿子的手，要他跟我走，可他根本不听使唤，依然盯着那心仪的玩具。此时的我陷入了特尴尬的境地，真有点无地自容的感觉。

后来，我比较强硬地拉着儿子的手回家了，他泪眼汪汪，一步三回头，恋恋不舍地离开了商店。

作为母亲，我又何尝不想满足孩子的小小心愿，让他高高兴兴地抱着心爱的玩具回家啊，可是我当时真的没有那份闲钱。

自那以后，我总觉得自己亏欠了孩子似的，心里隐隐有一丝不安。

再后来，我节省了一点生活开支，悄悄地把那消防车玩具买回了家。儿子见了后，爱不释手。有好长一段时间，儿子天天与那消防车玩具为伴，玩得开心极了。

值得一提的是，我儿很懂事，很爱惜玩具，从不乱扔乱摔，玩了之后定会收拾好，放进他的玩具柜里。

三十多年过后的今天，那消防车玩具，仍完好无损地摆在儿子的床头柜里。

儿子当时的强烈愿望是想拥有玩具消防车，我这个做母亲的一时怀着矛盾心情狠心不给他买，后来又悄悄给他买来了这个玩具，我想这在孩子心中一定留下了深刻的记忆，甚至有可能启发了他对亲情的深度认知与消费习惯的理性思考。

红红的五角星

1992 年上学期，儿子四岁多的时候，开始上幼儿园。当时距离咱们家最近的是一所民办幼儿园——增彩幼儿园。

开学第一天，我和欧阳一起带儿子到幼儿园报到。随后，我们把儿子交到了老师手里。儿子眼泪汪汪地跟着老师进了一个教室，当时教室里已坐着好些小朋友。我们透过教室的窗户往里看，发现儿子在新的环境里显得怯生生的，根本不配合老师，他坐也不愿坐，独自站在教室后墙边，老师教识字教唱歌他都不张口。

第二天，是我和母亲一起送我儿去幼儿园的。儿子还不太适应校园生活，见我和他外婆转身离开校园，他也立即转身跟着我们走。我重新把他拉回教室，他是一脸的不高兴，眼眶里蓄满泪水。我的儿啊，这么娇气怎么行？因为当时我是桂阳一中高一年级139班的班主任，又担任两个班的语文教学工作，事情比较多，所以只好暂时让他外婆留在幼儿园陪陪孩子。

几天过后，儿子在幼儿园的表现才慢慢好转。不过，听她外婆说，我儿依然不喜欢跟着老师读书和唱歌。

奇怪的是，儿子回家后，竟能背诵老师教的所有知识，比如识字口诀"大中小，人口手"，儿歌"小兔子乖乖，把门开开"，老师提示的"小耳朵听好话，小眼睛看茅厕"等，由此可见他在课堂上还是挺认真的，接受知识的能力也不错，脑袋挺聪明的。这让我们十分欣喜。

后来，接送孩子的任务就基本上落在他外婆身上了。我儿也慢慢适应了校园生活，变得很乖，很听话，几乎天天能获得老师的奖励——一朵小红花。孩子他爸很有心，把儿子的每朵小红花用图钉按在客厅的墙壁上，一周就能变成一个"五角星"。

半年之后，我儿获得的小红花数不胜数，一个个红红的小五角星就变成了大五角星，整面墙就成了儿子的荣誉墙，它激励着我儿不断上进。我想，这也可以看作我家赏识教育的实践吧！

满满的一碗饭

我儿只上了半年幼儿园，1992年下学期，就到了他奶奶所在的人民完小读学前班，班主任是和蔼可亲的阎福华老师。

1993年下学期，我儿开始读小学一年级，班主任换成了笑容可掬的陈雪莲老师，陈老师特喜欢我儿。不久，学校要举行"讲故事"大赛，陈老师特意安排我儿代表班级参赛。

我儿当时不足六岁，从未登过舞台。讲台上的话筒，儿子够不着，老师便安排他站在凳子上开讲。他讲的是毛泽东同志小时候帮助穷人家孩子的故事——《满满的一碗饭》，那抑扬顿挫的童音配上几个认认真真的表演动作，竟赢得了学校师生雷鸣般的掌声，并获得了一年级第一名。儿子的出色表现，让我们一家人都乐开了花。

这次比赛，无意之中，有可能强化了儿子"我可以""我最棒"的思想意识。

让人动容的幼儿书信

自从调来桂阳一中，我任教的课程便由职业中专的语文转为普通高中的语文了，普高语文要求高多了。虽然我进修了两年汉语言文学专业，但毕竟是专科文凭，比起那些读四年中文本科的大学毕业生来说自有差距。

为了自我进步，也为了在高中站稳脚跟，在一些同龄人业余玩牌玩麻将的时候，我却参加了湖南师大中文函授本科的学习。

众所周知，函授主要靠自学，但也有好几次参加面授的机会。湖南师大中文函授班的面授地点就设在我进修过的教师进修学院，面授时间一般是一周。记得有一次我要去郴州参加面授和考试，孩子他爸也正好参加华东师大的地理本科函授考试，我们只好将儿子寄养在他奶奶家。等我学习归来，他奶奶高兴地交给我如下几封书信：

其一：

"妈妈：

我放寒假了，我告诉你，我考试语文数学都得了 96 分。学校评我为五好学生，发给我奖状和笔记本，爷爷奖给我 10 元钱。你高兴吗？"

信封上写着"郴州教师进修学院 92 级中文本科班　周辛花收"。

其二：

"鹏鹏是好学生，

请妈妈明天来接我。

1993 年 1 月 1 日鹏鹏写的。"

其三：

"爸爸妈妈：

你们要好好学习，不要想我。鹏鹏写的。1993 年 1 月 2 日。"

信封上写着"欧阳海波和周辛花收"。

据孩子的奶奶说，以上第二封信我儿写了八遍，字字力透纸背，用了八页信纸。其实，在外出学习和考试期间，我们又何尝不想念才几岁大的儿子！

我逐字逐句地读着儿子的信，竟被他感动得热泪盈眶。

幼儿想爸爸妈妈，奶奶引导他用写信的方式抒发思念之情，转移注意力，这普通的做法其实有大学问。隔代教育条件下如何让亲子关系不消减不中断，这个方法可以借鉴。

记载父母与儿子双向思念之苦的书信，我们保存得很好。三十多年过去了，如今读来，我依然忍不住潸然泪下。

……

聚少离多的情况下，如何保持好亲子关系的质量，如何隔空做好有效陪伴，我们今天从航天员王亚平与孩子履行"摘星星"的约定里，也可以悟出很多。

我为巾帼添光彩

1992 年 3 月，学校推荐我参加全县教育系统的"我为巾帼添光彩"演讲比赛，这是领导对我的信任，我答应了。

凡事我都认真，更何况是代表学校参赛。于是，我业余时间忙开了：写演讲稿，反复修改，请我先生斧正，再定稿；熟悉内容，反复朗诵，纠正自己读不标准的字音，再背诵记忆；设计手势动作即姿势语，思考如何处理抑扬顿挫、轻重缓急；反复对着穿衣镜脱稿演讲，给自己看，给先生看，发现问题再及时解决。

当我登上教育部门的演讲舞台时，胸有成竹，自信满满，脱稿演讲数千字，非常流畅自然，完成得相当漂亮，以高分荣获了一等奖。

接下来，教育局领导交给我一个非常光荣而又十分艰巨的任务——代表我县教育系统参加全县十二个系统的演讲比赛。

当时七八十万人口的桂阳县，也可谓人才济济，我根本就不了解自己的对手是如何强大，怎么办？继续努力，认真准备，心想千万不可给教育系统丢脸！

先生比前次更加重视和支持我。我再次修改演讲稿，丰富典型事例，添加自己的故事和感受，反复琢磨抑扬顿挫和手势动作，反复朗读背诵直到滚瓜烂熟，反复对照镜子脱稿训练。比如，查找遴选"女"字偏旁的单字，就费了不少脑筋；再比如，针对文中重要素材——中年丧偶的李老师独自把六个女儿抚养成人培养成才的故事，如何进一步增强画面感和感染力，我与先生是反复讨论与斟酌。

......

　　妇女节那天，在教育局相关领导的带领下，我步入了县委大礼堂。看着十二条战线的来宾和参赛选手座无虚席，我顿时变得胆怯起来。

　　我在心里默默地给自己鼓劲："别怕，别怕！相信自己，你是最棒的！"

　　……

　　轮到我上场啦，我自信地登上大舞台，从容地向台下黑压压一片的观众敬了个礼，然后开始了自己的演讲："今天，我演讲的题目是'我为巾帼添光彩'……"

　　我用真人真事征服了观众，用真情真意感染了观众，用得体的姿势语和抑扬顿挫的语言吸引了观众，赢得了一阵又一阵雷鸣般的掌声，还赢得了许多被感动的观众的泪水。我成功了，再一次凭高分获得了一等奖的第一名！记得当时我走下舞台时，带队的教育局领导立即给我献上了一杯热茶，我有点受宠若惊。

　　得胜回"朝"，学校领导立即在公布栏贴出了大红"喜报"，知情的同事纷纷向我表示祝贺。更让我感动的是，当我第二天上课走到教室门口时，我班学生全体起立、鼓掌，仿佛我是"凯旋的英雄"似的。

　　两次演讲，我不负众望。我再一次坚信：功夫不负苦心人，付出必有回报！

儿子转学后

　　读过一年级，1994年下学期，我儿就转学到了离家近一点的蓉峰完小读二年级。此时他六岁半，是全年级年龄最小的男孩。

小学阶段，孩子他爸操心不少，几乎天天要骑自行车送儿上学，不论寒冬酷暑。放学时，儿子就跟邻家小朋友一起走回家，学校与家的距离大概三里路。

记得有一天下午，迟迟不见几个孩子回家，急得我们像热锅上的蚂蚁。后来才知，几个小朋友放学后拐进路边的住宿小区去了，一个个趴在小区的石凳上做家庭作业。这让我们几个家长虚惊一场。

在班上，儿子属于年龄最小的学生。他老实善良，听老师的话，读书认真，成绩也不错，就是有些胆小。

他爸每次参加家长会，都能听到老师们夸奖咱们儿子的言辞，儿子的班主任也多次安排孩子他爸以家长代表的身份发言。

家有乖儿子，我们做父母的幸福满满！

童趣

我儿六七岁的时候，夏天最想吃的零食是冰棍。当时比较流行自己做冰棍，将凉开水加上白糖，摇匀后倒进做冰棍的塑料模具里，放进冰箱冷冻室，一两个小时之后就有冰棍吃啦。

孩子他爷爷奶奶家有冰箱，我们做过几次冰棍。

于是，有好长一段时间，儿子放学回家的路上总爱捡些铁丝之类的废品，问之，则曰："我要捡废品卖钱，买冰箱。"闻之，好不心酸！当然，穷人的孩子早当家，有这种"自己挣钱买冰箱"的惊人想法和幼稚做法，也不是什么坏事。

……

桂阳一中荷塘边有一排新平房，共八套房子，每套四五十平方米的样子，要双职工才有资格享受。我们家分了一套。周末的时候，我儿和邻家的小朋友最爱到荷塘边去垂钓。

孩子们先要到处去挖蚯蚓，然后再去钓鱼。我儿垂钓时有恒心，能坚持，鱼儿不上钩就不罢休。记得有一次他垂钓了一个多小时之后，隔壁的孩子飞奔着来我家报喜："阿姨，阿姨，你鹏鹏钓到大鱼啦！你鹏鹏钓到大鱼啦！"我兴奋地迎出家门，只见我儿一边往家跑，一边大声嚷嚷："妈妈，妈妈，我钓到大鱼啦！你看，你看！"儿子高兴得手舞足蹈，我一看也乐开了花，小小年纪的他竟然真的钓上来一条几寸长的"大鱼"，实属不易啊！

捡铁丝，攒钱有恒；钓大鱼，童趣无限。

心病

儿子七八岁的时候，右脸上方慢慢出现了一块"胎记"，医学上叫"太田痣"，呈紫青色。

我儿本来就比较文静，性格内敛，当他身边的个别同学偷偷给他起绰号"熊猫"的时候，我儿便越来越沉默了。

人都有爱美之心，我儿也不例外。当他有一天放学回家，含泪告诉我，学校里有人叫他"熊猫"时，我的心咯噔一下就掉进了冰库里。我的儿啊，你是那么的聪明，那么的懂事，妈妈不难想象你的伤心、难过与自卑。妈妈我也很难过，很莫名其妙，甚至很自责，我不止一次地怀疑自己——是不是因为我的原因而影响了我的儿子？本来我儿皮肤白白嫩嫩，怎么就脸上出现了一块青色的"胎记"呢？老天爷啊，你为什么要这样来折磨我无辜的孩子？

儿子脸上的胎记，成了我和他爸的心病。胎记虽然并不影响孩子的智力，但我们担心影响孩子的心理健康啊！

从此，我们开始关注有关"胎记"的种种科普文章，比如2000年8月27日的《湖南日报》就刊登了湘雅医院皮肤科刘教授的一篇文章——《胎记是先天性皮肤病》，我还把文章剪下来收藏了。我们还到县卫生局、北关街道等地寻访过好几位患有胎记而后通过治疗淡化了胎记颜色的人，问他们采取了何种治疗方法。

一言以蔽之，我们内心深处已背上了重重的思想包袱，我们渴望寻求到比较完美的治疗胎记的方法。

……

北上南下

为了消除儿子脸上那块胎记，我们到处求医问药，从桂阳到郴州，到长沙，再到北京、上海、广州，真的是北上南下啊！

长沙湘雅附一医院的医生说，太田痣要激光治疗，而且要多次治疗方可见效，还要担心是否疤痕体。

北京儿童医院的医生说，太田痣必须激光治疗，要四五次，如果是疤痕体则不可做激光。

广州中山大学附一医院的医生说，太田痣只能激光治疗，但要检测是不是疤痕体。

……

我们还咨询过皮肤移植……

我们一次次带孩子走南闯北找好医院好大夫，皮肤科专家们的说法都大同小异，可我们还是一次次下不了做激光治疗的决心，因为我们担心儿子是疤痕体：他脖子后面曾出现湿疹，涂药打针治好后，皮肤似乎变得不够平坦光滑，多长了一丁点肉疙瘩出来。

唉，我们多么希望医学更发达一些，发达到涂点外用药就能淡去"太田痣"的颜色，那该多好！

激光治疗，要反复做多次，我儿还那么小，皮肤那么嫩，我一想这事就不寒而栗。

我和孩子他爸不是担心花钱多，而是担心孩子吃苦太多，更担心疤痕体那难以预料的后果。好纠结啊！

……

好在医疗科技发展很快，儿子参加工作前后那两年，我们把这个困扰全家近 20 年的心病治好了。

志同道合的幸福

1991 年 9 月到 1994 年 2 月，这几年我和孩子他爸都在桂阳一中任教，是同事，甚至是同一班级的科任老师。

记得我担任高一 139 班的班主任时，我任教咱班的语文，我们家欧阳则任教咱班的地理，咱俩也称得上比翼双飞、志同道合了。

初次担任班主任，管理班级不够内行，好在有欧阳的支持和帮助。咱夫妻俩同心协力，我班很快就走上了正轨，班风正，学风浓，班级凝聚力很强，在学校体操比赛、演讲比赛、作文竞赛等活动中都取得了不俗的成绩。

对待工作，我和欧阳向来都是全身心投入，从不马虎，从不懈怠。

欧阳头脑灵活，点子多，工作能力强，又富有爱心与善心。与他做同事，我很轻松，也很幸福。

业余时间，我们一起看书学习，他学地理本科函授，我学中文本科函授，共同努力，共同进步。

这种志同道合的幸福，不禁让我想起了舒婷《致橡树》中的诗句："我必须是你近旁的一株木棉，作为树的形象和你站在一起……我们分担寒潮、风雷、霹雳，我们共享雾霭、流岚、虹霓。"……

1994 年 3 月，欧阳考入了桂阳党校工作。

山丹丹花开红艳艳

1995 年，为了纪念中国抗日战争和世界反法西斯战争胜利 50 周年，我们桂阳一中隆重举行了大型合唱活动。

各年级以班级为单位，登台合唱革命歌曲。广大教师也成立了一个 50 多人的大合唱团，演唱《山丹丹花开红艳艳》，领导要我领唱。

"一道道的那个山来哟，一道道水，咱们中央噢红军到陕北。"教师合唱团的表演以我高亢嘹亮的领唱声拉开了序幕。

那时的我，30 岁出头，还年轻，嗓子好，声音有一定的穿透力，情感也比较丰富，演唱起来可谓声情并茂，颇有女高音的味道。

不知是谁拍了几张合唱时的舞台照，我一直珍藏着。照片中的我以领唱者的身份站在第一排女教师的中间，独自穿着红色的修身上衣，黑色的喇叭裤，在合唱队员们一片蓝色套装中显得特别醒目。

话说 20 年后的 2015 年元旦节，年过半百的我再一次登上了大舞台，以桂阳三中高三合唱团领唱者的身份领唱《明天会更好》。我的学生兼同事在台下特意为我拍了舞台照和领唱视频，身着红色旗袍的我似乎依然亭亭玉立，还有几分靓丽。

两次教师合唱团领唱的经历，带给了我许多美好的回忆。

挫折

1993 年暑假，我遭遇了一次挫折。

1991 年下学期我调入了桂阳一中，任教高一两个班的语文并兼任一个班的班主任，当时孩子也小，我的负担是比较重的。好在有欧阳帮我出管理班级的好点子，有母亲帮我带孩子，我的事业与家庭都顺风顺水。

毫不夸张地说，我对待教育教学工作是兢兢业业、尽职尽责的。1991 年至 1993 年期间，我获得过国家级作文竞赛优秀辅导教师奖、县级教学比武二等奖、县级演讲比赛一等奖、校级"优秀班主任"、校级"最佳课调教评优"一等奖等荣誉。我的工作表现和取得的成绩是有目共睹的。

承蒙学校领导信任，我从高一教到了高三。到了高三，学生已分文理，我任教两个理科班。1993 年暑假，高三学生按惯例要补课。万万没想到的是，我所教的学生当中，有两个自以为是、胆大妄为的男孩，当他们得知我还是第一次教普通高中的高三语文时，便开始对我持不信任的态度，上课不配合，课后有意地说坏话："安排没高三工作经验的老师教我们，学校把我们当试验品。"甚至煽动部分同学签名，要求学校领导换老师。

……

扪心自问，我绝对是一个认真负责的语文老师，但我又确实是第一次教普高毕业班语文。不过，干什么事都得有第一次啊！我还年轻，我可以向老教师学习经验，我愿意花比别人多一倍的时间来钻研高考语文考试大纲和复习资料，可是那两个学生却不愿给我机会，他们闹得很凶，给了我沉重的打击。为此我偷偷地哭了，哭得很伤心。

哭过之后，我想通了，觉得学生想换有经验的老师也自有他们的道理，于是我主动向领导提出去教高一或高二。

……

不管怎么说，也不管有什么理由，我终究是被学生"赶"下高三讲台的。这是我教学生涯中的耻辱，也是我人生中的一大挫折。我心里暗暗发誓：必须知耻而后勇！

历史常有巧合。数年后，当年带头要求学校给他们换语文老师的G同学也成了我的同事。他教平行班，我教第一科技班，我们同在一个教研组，他红着脸向我解释和道歉当年的幼稚与狂妄，我听后莞尔一笑。

不服输的女教师

初次教高三的眼泪时时鞭策着我，激励着我发愤图强。我想，我必须在跌倒的地方自己站起来！

在接下来的教育教学工作中，我继续勤奋努力，用心钻研教材教法，虚心向老教师请教，虚心向同行学习，经常听取学生的合理化建议，经常进行自我反省，不断积累教育教学经验。我经常用家里客厅那幅条幅自励自强，坚信："培养人一己百的克勤精神，则天下断无不成功之事。"

1995 年高考，我任教的两个班的学生取得了不俗的语文成绩。

1995 年下学期，学校领导委以重任，要我继续教高三语文，而且把科技班交给了我。

从 1995 年下学期开始，我连续任教高三语文多年，而且年年教的是科技班，在 96 届、97 届、98 届高考中，我所教的班级高考成绩是越来越好，98 届我教的文科科技班竟然取得了高考语文人平分全县第一的骄人成绩！

1998 年度，因教学成绩显著，我荣获了桂阳县人民政府颁发的"三等功"荣誉证书。

1998 年暑假，学校领导把文科复读班和理科复读班都交给了我任教，这是对我教学所取得的成绩的极大肯定，更是对我教书育人的高度信任。众所周知，复读生（高四学生）是不好驾驭的。

我一如既往地勤勉工作，一如既往地爱生如子，一丝不苟地对待教学。凭着我对教育事业的热爱和对教学工作的严谨，在 1999 年的高考中，我再次取得了骄人的成绩。

可以自豪地说，我在一些人不信任的眼光下面，凭实力站了起来！

1999 年下学期，湖南省示范性高中——桂阳三中的校长把我"挖"了过去，我顺利地成了桂阳最好高中的语文教师。能进桂阳三中任教，是很多人的梦想，个别人削尖脑袋托人求情尚未成功，而我是桂阳三中校长两次主动征求我意见再办理调入手续的，后来校长还十分信任地安排我教他的宝贝闺女。我想起了小品台词："我骄傲！"

事实证明，不服输的我终于超越了自我和他人，赢得了事业的丰硕成果。

校长家访

得知另一学校的领导要把我"挖"过去，我现所在学校的领导急了。

校领导立马到我家家访。领导代表学校高度肯定了我的工作能力和工作业绩，苦口婆心地挽留我，并真诚地告诉我——他想把自己的宝贝儿子交给我来教。

几天后，又有一批校领导再次来我家家访，颇有人情味地再次挽留我。

我深受感动。后来，有一中资深老师说，校领导登门挽留一位普通老师，我这儿尚属首例。

说心里话，我对桂阳一中是有感情的。在这里，我抛洒了委屈的泪水，也挥洒了不屈的汗水；在这里，我取得了不俗的教学成绩，还通过业余自学获得了湖南师大的中文函授本科文凭；在这里，我凭借自己的努力终于站稳了脚跟。

桂阳三中，是我县最好的学校，是很多老师梦寐以求的地方。早在1998年暑假，我参加湖南省的高考阅卷工作，在省城与三中的校长不期而遇，那时他就有意向要我去三中工作了，只是当时我没有爽快地答应。

1999年下学期，我儿升初中了，作为母亲，我希望给他一个比较好的学习环境，众所周知，三中比一中要好。我儿学习成绩不错，小学升初中考试是报考桂阳一中的考生中的第三名。不为别的，就算为了儿子读书，我也应该选择去三中任教。

非常感谢几次来我家真心挽留我的校领导，是他们让我进一步意识到自我的重要价值。

早出晚归的日子

1999 年下学期，我成了桂阳三中高中部的语文教师，儿子成了桂阳三中初中部的学生。我们母子俩除周末外天天是早出晚归，因为三中在城南，我们家住城北，而南北相距有三公里左右。

三中的学生清晨 7:00 上早读课，晚上 18:40 上晚读课。三中的语文老师每周一、三、五要进教室指导学生早读，周二、周四的晚上要辅导学生晚读。每天起早贪黑便成了我们母子俩的生活常态，无论寒冬与酷暑。

早晨为了准时赶到学校，等公交车是不行的，走路又费时太多，我们只好坐摩托。一位熟人的孩子出租摩托，他的摩托车几乎成了我们母子的专车，单程 6 元。

忘不了有一年冬天，大雪纷飞，路面结了一层厚厚的冰，我和儿子一如既往地搭着摩托去学校，刺骨的寒风在耳边呼啸，沙子雪下得正紧，紧锣密鼓似的敲打着摩托车的伞盖，因路面太滑，司机艰难地前行着，快到学校的时候，因车多人多，加上道路改造尚未完工，突然摩托车打滑，司机和我们母子俩瞬间随着车身倒向了一边，车与人几乎是同时落地，吓得我魂飞魄散。

……

上天保佑！儿子拍掉身上的雪粒和泥土，马上飞奔进了校园；我只是手掌撑地时划破了一点外皮；司机和摩托车也没事。

但从那以后，我坐摩托车便心有余悸了，尽量多坐公交车上下班，儿子则学会了骑自行车上学和回家。

这样早出晚归、忙碌奔波的日子，我们母子俩整整度过了四年。

2002 年，我和孩子他爸下决心在学校附近买了一套商品房。2003 年底，我们一家搬进了新居，此时我儿已读高二。

人生第一次住院

在三中教书，我每天早出晚归，说不辛苦那绝对是假话。

因每天清早坐摩托，风雨无阻，我的裙子或裤子和鞋袜经常被雨水溅湿，又不能及时更换，久而久之，我的身体便出现了症状。

1999 年冬天的一个上午，我的腹部隐隐约约感觉不舒服。到了下午，右腹的疼痛感明显地增强了，可我依然坚持着上班。回家后，我茶饭不思。欧阳急了，马上送我去了县人民医院。经 B 超后，得出结论：急性阑尾炎和尿路结石。医生下令：马上住院！

这是我生平第一次住院，很不习惯，但没办法，必须听医生的。

主管医生说，阑尾炎要做手术，是一个小手术。我一听"手术"两字，就害怕得不行。好在有两个去看望我的朋友说，她们曾做过阑尾炎手术，不是很理想，夏天伤口处容易发炎发痒，劝我采取保守疗法。于是，我坚决要求采取保守疗法——吃药打针消炎。至于结石，可一边吃药，一边坚持跳绳。

一周后，我就回到了工作岗位。

很感谢，一位在外地工作的朋友及时给我寄来了化结石的药品。我吃药和跳绳双管齐下，一个月后结石也就不见踪影了。

有点傻

1999 年下学期至 2002 年上学期，我在桂阳三中从高一到高三完整地带了一届学生，其中还有县领导的孩子。2002 年高考，我任教的两个班语文成绩在全县名列前茅，我负责的语文备课组也高考大捷，我校高考语文总人平挤进了全市前五名。

2002 年下学期，学校领导安排我继续任教高三，我感谢领导的高度信任，却毫不犹豫地选择了教高一。要知道，在很多老师想教高三而没机会教的情形下，我却自愿放弃连续教高三的好机会，这在三中历史上并不多见。

教高三，虽然辛苦，压力大，但也可以说是名利双收。其实，连续教高三，对高考形势比较了解，对复习的重点难点也把控较好，备课的难度并不比高一高二大多少。我主动放弃教高三，在好些人看来是有点傻的。

随别人说去吧，走自己的路！

妈妈老师

有了 2002 届高考的成绩，我在三中很快就站稳了脚跟。

2002 年下学期，我自愿任教高一，主要是因为我儿读高一了，我得好好管管自己的孩子了。

其实，我儿很自觉，读书也不错，中考成绩是全县上万名中考生中的第 81 名。

承蒙学校领导器重，安排我任教高一两个科技班的语文，我儿也凭自己的实力成了我的正宗学生，我成了孩子的"妈妈老师"。

有不少同事说，自己教自己的孩子难以教好，最好让别人去教。我偏不信这个邪！

我是母亲，我最了解自己的孩子，为什么就不能亲自教他呢？我自然明白，做教师的，切不可误人子弟，也不可误己之子。邓校长把他的宝贝女儿和我的宝贝儿子放在了同一个班级，交给了我来教，这对我来说是一种莫大的信任。我对自己有信心！

每每下班回家的路上，我专心走我的路时，突然耳畔就会传来"老师好"的问候声，回头一看，这学生往往就是我那"调皮"的宝贝儿子。

我儿可爱吧？我们师生关系非常融洽，羡慕我吧，哈哈！

独一无二的 156 班

156 班是我们三中 2005 届最好的班级，优秀学生云集的班级。

我儿读高二时，开始文理分科，按成绩他被分到了 156 班——咱们三中最好的理科班。

我儿高中三年，科任老师换了不少，有的科目是一年一换老师，唯独三年没换的就是他的语文老师——我。这也是我引以为豪的地方。

18 年过去了，但 156 班那群孩子我依然记忆犹新。说 156 班"独一无二"，那是因为那群孩子——他们勤奋苦读，他们健康向上，他们幽默乐观，他们不负众望。

2005 年高考，我们的 156 班取得了骄人的成绩：雷柏茂、曹攀两位同学均考上了清华大学。小县城的学校，一个班出两个清华生，破历史纪录！顿时小城沸腾了，祝贺的礼炮响彻云霄，人们将喜讯奔走相告。看着学生脸上幸福的笑容，听着校门口燃放的此起彼伏的庆贺礼炮，想着军功章里也有自己的一份功劳，我心里涌起了一股莫大的幸福感和满足感。当电视台记者采访我的时候，我是激动得有点语无伦次了。

156 班的学生中有我的儿子欧阳怿鹏，他以全县第五名的好成绩考上了全国名牌大学——武汉大学，而且是本硕连读。还有好些同学考上了全国名校。我成了最幸福的老师和最幸福的母亲！2005 年，我获得了县级"优秀家长"和"芙蓉百岗明星"的荣誉。

还值得一提的是，156 班的语文高考人均成绩名列全县第一，我负责的高三语文备课组也成绩喜人——我校高考语文人平分名列全市第二！这可能是我们三中有史以来取得的最好成绩和最佳排名。

我儿高考语文夺得了 118 分的高分，在全县几千考生中是并列第三名，其中语文选择题还获得了满分。如果他的字迹还漂亮些，我敢说他的作文分会更高，语文总分也自然会更高。

我独一无二的 156 班，很出色；我独一无二的儿子，很优秀。为师者我深感自豪，为母者我倍感欣慰！

主持课题研究

一名好教师，同时也应该是一名好的教育教学研究者。先努力按照科学理论进行实践，再在自身实践基础上进行理论研究，之后再用成熟的科学的实用的理论有效地指导自己乃至更多人的实践，我认为这是更高层次的好教师。这就是我理解的"实践——认识——再实践——再认识"。

可是，现阶段各学校的教育教学研究工作并不尽如人意。很大程度上，学校的课题研究往往是"面子工程"，教师参与研究某课题往往是为了评职称。我主持的语文课题研究可能要算一个例外，因为我当时早已是高中语文高级教师。

我主持的"中国古典诗词诵读与语文素养培育的实践研究"课题，共有 17 名教师参与，历时数年。课题实际主持人几次易人，最终学校领导安排我来主持，才在 2011 年 7 月结题，还荣获了湖南省教育学会"十一五"教育科研课题成果三等奖。有人告诉我，这是我们学校多年来唯一获省级奖的语文课题，三等奖也实属不易！其中的酸甜苦辣，只有我们自己知晓。

作为一所省示范性高中，县内外有名的领军学校，语文这门大学科多年才获一个省级课题研究奖，这不能不说有些遗憾。因此，尽管我是获奖课题的主持人，可我却根本高兴不起来。细细想来，咱们战斗在教育教学一线的教师为了追求高考升学率，确实没有过多的时间和精力用来搞课题研究。

忠孝难两全

好些同事和朋友说，我事业有成，家庭也不错，是他们羡慕的对象。可是，我内心深处也有不为人知的遗憾。

李密在《陈情表》中说"忠孝难两全"，那其中的难处我是深有体会的。

从我成家起，母亲就随我们一起过日子，母亲唯一的宝贝孙子——我的侄儿也跟我们一起生活，由我们抚养和教育。儿子出生后，我们的小家庭就成了一个五口之家。我和欧阳靠微薄的工资维持着五口之家的日常生活，还有两个孩子从小学到大学的所有学费和生活费开支，如今回想起来也觉得实属不易。欧阳对我母亲很孝顺，儿子对他外婆也很好。我呢？我似乎没做错什么事，可我又不能原谅自己的不孝——

为了工作，我总是将家里的大门反锁，把母亲锁在家里，让她孤孤单单地过了许多年，使90多岁高龄的她只好与针线为伴，坐在阳台上或客厅里，给我们一家缝制那数不清的鞋垫。

因为我时常教高三，经常得加班加点备课阅卷，我没有过多的业余时间陪母亲说话，也没有时间陪她老人家看电视，让她面对看不懂的电视节目时显得寂寞无助。

每一届的高三老师都有外出参观学习的机会，我很少放弃学习的机会，这又势必增加了母亲孤独的日子好些天好些日。

很多老人都有落叶归根的想法，母亲也不例外，她曾多次提出要回她的家，回她儿子所在的家，可我没能让她如愿，因为娘家的房子早已破败不堪，生活起居极不方便，没有自来水，也没有像样的卫生间，上一趟厕所我也担心母亲摔跤。还有，出门就是公路，我又担心母亲出事，因我少年时期母亲出车祸的事情我记忆犹新。我就这样一直强迫母亲住在自己身边，一住就是二十五年，直到她生命的终结。

我后悔，有一年的暑假，本来带着母亲回到了老家，打算多住些时日，无奈蚊子猖狂，老鼠肆无忌惮，结果只住了五天就叫欧阳把我们接回了桂阳。那五天，我重温了与母亲同床共枕的幸福，也有过为母亲驱蚊赶鼠的"壮举"，只是没让母亲在她自己家住个够。

我上班忙于工作，下班忙于家务，时常忙得忘记了该为母亲做点什么，忘了她早已进入耄耋之年。有一个夏天的傍晚，气温很高，母亲突然轻声细语地对我说："花的，帮我剪剪头发吧，太长了，好热。"几分钟时间，头发就剪好了，母亲马上说："谢谢你！"听着这声"谢谢"，我羞愧难当，无地自容！

记得儿子养过几次金鱼，家里有一个特制的玻璃金鱼缸。儿子读书在外，喂鱼的事情就落在了母亲身上。有一次，母亲往金鱼缸里多放了几粒金鱼饲料，我立即大声制止，说是饲料多了会撑死金鱼，吓得母亲拿饲料的手在发抖。我罪过啊！

2011年底，母亲右脚的大脚趾所患的甲沟炎复发，我们带她去了郴州市第一人民医院。医生看后说要做拔甲手术，我们瞒着母亲同意了做手术。医生用了麻醉药，手术做得很顺利很成功，母亲忙不迭地说："谢谢医生！"一位老医生看到母亲的良好表现，很自信地说："这老人家定能活过一百岁！"手术之后，欧阳按医生的嘱咐，请护士上门服务，一个月内给母亲换了好几次外用药。我儿放寒假回家，又给他外婆换了两次药。眼见着母亲的大脚趾很快就长出了新指甲，这可是身体素质好、生命力旺盛的表现啊！可是，可是为什么母亲2012年春节后没几天就走了呢？她没有活过一百岁，我想不通啊！一定是我疏忽了什么，一定是我麻痹大意了！母亲向来是坚强的，她从不向生活低头，也从不向疾病示弱，一定是我照顾不周。我后悔啊，母亲只活了96岁。

……

往事不堪回首，一回首全是悔，全是痛，全是深深的遗憾。"忠孝难两全"只不过是我的借口，为女不孝的深深悔恨已无法换回母亲的宝贵生命了。

征兆

仔细想来，母亲走之前是有些征兆的。

2011 年，母亲似乎变得很胆小，"杀人""鲜血""上吊""强盗"之类充满血腥味的画面时常充斥着她的大脑，吓得她手脚发抖，说话语无伦次。她开始怀疑一切，甚至连她身边最亲的人也不信任了，人也变得比较固执。

有一天，她清早就急切地告诉我："女儿啊，我们楼上有坏人，就是他们家那个崽，天天晚上想撬我这间屋的楼顶，咚咚咚，咚咚咚，还打着手电筒，我亲眼看到的，我这堵墙上就有手电筒的光。女儿啊，他要害我！我天天半夜就看见，吓得我不敢睡觉，我怕这楼顶被他捅穿。"

我一听就急了，马上意识到母亲有些糊涂了。耐心给她解释道："妈妈，我们楼上没有坏人，那还是一个 10 岁左右的孩子，他不会害你的，他爸爸是我的学生。那孩子喜欢玩跳跳球，可能是那球掉在楼板上时声音太大，吓着你了。我上去跟他爸妈说说，要他今后注意些。""不对，不对，他就是想害我，天天这样！""妈，他不可能害你！""他还打着手电筒，照着这堵墙。""妈，那不是手电筒的光，是外面马路边的路灯光透过窗户玻璃反射到你卧室的墙壁上，于是这堵墙就很亮了。""不是！不是！"妈妈不相信我的解释，她只相信她自己。我无言以对。

后面连续几天都这样，母亲总喋喋不休地说那男孩要害她。于是我到楼上去告诉我的学生，要他转告他儿子，玩球时注意些，不要弄出很大的声音来。我那学生抱歉地说："老师，这几天我老弟的儿子来了，两个孩子玩球玩得很起劲，一定是吵着老人家了，真不好意思！等我儿子回家就告诉他，一定要他们注意。"

母亲还是不信我，欧阳跟她解释也不信。没办法，我们只好带她到楼上亲自去看看，看有没有撬楼板的铁棍，看楼板是否撬破了。至于她卧室墙上的亮光，我们等晚上路灯亮了的时候，就到她房间给她反复做解释。这样，母亲的害怕心理才稍有好转。

没隔几天，我下班回家，母亲又有些哆嗦地告诉我："女儿啊，你快来看，那马路对面有一摊血，可能是杀了人。"我们家住马路边楼房的六楼，母亲的房间是通阳台的，从阳台的玻璃窗往下看，可以看到路上的车辆和行人等。母亲要我到阳台上去看，我看后简直哭笑不得：那马路对面哪是什么鲜血啊，分明是一张被人丢弃的红色长沙发。唉，我的母亲真的是老眼昏花了。糟糕的是，我告诉她那是红沙发，她偏不信。怎么办？我和欧阳只好陪她下楼看仔细，这样她才放心。

又有一天，母亲把我带到客厅窗户边，要我往外看，说是不远处那栋房子的二楼吊死了一个人，浑身是血，好吓人！"几天了，没人管，全没王法了！"母亲显然很气愤的样子。我循着母亲的手势一眼望过去，明摆着那是一把撑开的红伞。我的妈呀，你这是怎么啦？你怎么老往不好的方面想呢？

那一把撑开的红伞，我们也带母亲去看真切了。

……

看来母亲是真的老了，不只是老眼昏花，她开始出现幻觉、错觉了，她有点老年痴呆了。

为什么母亲的眼里和心里全是一些恐怖的事情呢？我追根溯源，终于明白：那是历史的印记，那是母亲人生遭遇坎坷、身心受伤后留下的后遗症！我可怜的母亲，年轻的时候经历过抗日战争，为了躲避日本鬼子的烧杀抢掠，她和乡亲们曾躲进万华岩，在黑魆魆的岩洞里度过了一段胆战心惊的日子。后来，我父亲被逼身亡，我兄长屡遭磨难，母亲自己被逼上吊，孤儿寡母一直生活在水深火热之中，这一切恐怖的经历早已烙进了母亲的心里。母亲啊母亲，你的心病早已成痼疾，女儿我爱莫能助啊！我多么希望你能开开心心地安度晚年啊，可是你的眼里和心里却总是充满恐惧与不安，这叫我如何是好啊！

还记得有一天吃晚饭时，我打算给母亲盛饭，她却执意要自己盛。电饭煲距离餐桌有两米多远，母亲拿着碗走到了电饭煲旁边，蹲下身去，盛好饭起身时，突然后退了几步，随后跌坐在瓷砖地板上。我后悔极了。母亲的腿脚向来就有风湿病，长年累月要贴风湿止痛膏，如今她步履蹒跚了。也曾几次托朋友买来澳门的"风湿灵胶囊"，止痛效果虽好，却治标不治本。

……

种种征兆表明，已近期颐之年的母亲确实衰老了，体力不支了，身心俱老了。我的担心和恐惧与日俱增。

母亲走了

二〇一二年农历正月初四，是母亲 95 岁生日。当天，我们家来了很多亲戚，中餐有三大桌客人，老老少少加起来有三十九人。

酒席上，母亲表现很出色，客人给她敬酒祝寿，她随后便一一回敬他人，还说了好些祝福的话语。这天欧阳家的亲戚到了很多，我哥嫂和我表哥表嫂也到了，就是侄儿他们在邵阳过年，坐车不方便而没有赶回。

待客人走后，母亲把她收到的生日红包拿了出来，要我们清点，然后塞给我儿 1000 元，说是给外孙读书作盘缠，其余的钱要欧阳帮她存银行。

那天晚餐，自家人（包括欧阳的父母和妹妹一家）一起吃剩菜剩饭，母亲表现很正常。

晚饭后，分享生日蛋糕（我每年都会给母亲定做圣安娜的生日蛋糕），待在场的每个人都有了一份之后，她嫌自己的那一份太多，说是要留点给他孙子孙媳吃。我们说留了有，要她放心吃，她才慢慢地吃起来，吃的神情似乎若有所思。

再后来是看电视，到晚上九点多钟时，母亲照常有些幽默地对欧阳说："校长，我请假了，睡觉去。"

……

为了招待几十个客人，准备几桌饭菜，我前一两天就没休息好，初四晚上睡得很沉。初五清晨，六七点钟的样子，欧阳急切地叫醒了我，说母亲有些不对劲，右边额头有块青紫色，像是在床头磕伤了的样子。我急匆匆地起床，打开了客厅烤火灶的盖子，又打开了空调，让客厅变得暖和些，然后要欧阳把母亲背到了客厅的沙发上，只见母亲有些没精打采、精力不济。随后我发现母亲大便了，立即用热水给她擦了身子，换了干净裤子。母亲很自责，嘴巴在哆嗦。

儿子也很快起了床，凭着他所学的医学常识，在望闻问切。母亲故作轻松地告诉外孙："不要紧，不要紧！"

吃早饭时，儿子给他外婆盛好了饭，欧阳给母亲舀了汤，我给母亲夹了平时她喜欢吃的肉丸子，可是母亲没胃口。欧阳说："妈妈，我喂你吧！"母亲立即回答道："不得了，还要你喂？！"言下之意她不用别人喂，可以自己吃。再后来，母亲似乎被一点饭菜噎住了，卡住了喉咙，气息上不来，脸憋得通红。我们给她喂水，不管用；欧阳拍拍她的背，也不管用；鹏儿情急之下找来吸管，用嘴费力地去吸外婆喉咙里的浓痰，根本顾不得脏了，但依然不管用！母亲慢慢地变得气息微弱，似乎要睡去的样子。鹏儿用手电筒检查了她的瞳孔，问她哪儿痛，她有点费劲地回答说："没事，不要紧！"……

紧接着，我们给医院打通了电话，要对方派 120 专车来接母亲去抢救。

欧阳把母亲抱在怀里，轻轻地呼唤；鹏儿想按医学院教授说的办法——切开气管救人，但条件不允许，不敢贸然行事；我急得像热锅上的蚂蚁团团转，急匆匆地跑下楼去等 120 车的到来。十几分钟时间的等待，仿佛过了一个世纪那么漫长！

在我等得要急死过去时，120 车终于来了！我们和护士一起将母亲轻轻地放在了担架上，护士立即给我母亲输氧。几分钟到达医院后，通往急救中心的电梯也畅通无阻，医生也早已各就各位在等待抢救。可是，可是母亲已沉沉地睡去，紧闭着双眼。马上打急救针，但母亲已吸收不了药水！全力抢救，已无济于事！……

母亲就这样突然走了，急匆匆地走了，静静地走了，让我们来不及做任何心理准备，我根本无法相信这是真的！

当医生宣布要我们家属准备后事时，我头顶的天都仿佛塌了，直想扑在母亲身上嚎啕大哭，想用我惊天动地的哭声把母亲唤醒！可是，我不能，我得理智，我得隐忍，我得坚强！

妈妈，我亲爱的妈妈，我勤劳善良的妈妈，我受苦受难的妈妈，我坚忍不屈的妈妈，你还来不及交代女儿几句，就匆匆地走了，就丢下女儿不管了，你怎么这么狠心啊？妈妈！妈——妈——

妈，市里的医生明明说你可以活上一百岁的，女儿我一直希望你活上三百岁啊，可是，你却这样急匆匆地走了，走向了另一个世界，让女儿我痛断肝肠啊，妈妈！

二〇一二年农历正月初五早晨九点多钟，母亲静静地离我们而去了，寿终正寝，享年96岁。

我恨医学不够发达，无法挽救我母亲的生命！

我恨自己初四晚上睡得太沉，没能注意母亲房间的动静。母亲很可能是凌晨想上卫生间，起床时不小心磕伤了右额。我恨自己当晚没能陪母亲一起入睡！

我恨自己平时拼命工作而忽视了多陪陪年迈的母亲！

我恨自己有时在母亲面前说话粗声大气发脾气！

……

我恨啊，我悔啊！

在我48岁的时候，我失去了我的母亲，我至亲至爱的母亲。

母亲的葬礼

二〇一二年农历正月初八，是送母亲上山的吉日。

从初五到初八，短短四天，我度日如年，天天以泪洗面。

当大事，哥哥比我更苦更累。他要"当孝子"给每一批烧香的客人长久地跪拜，要跟"地仙"一起上山"踩地"（选坟地），要到村里跪请"挖井（挖墓穴）的人"和"抬棺的人"，要按村规民俗挨家挨户请人喝酒，还要给邻居家送红包说好话，因为是年初，还未出节，摆酒席要借用左邻右舍的地盘，等等。

我和欧阳也有很多事，得统筹安排大小事项。选择乐队，采购物品，招待来宾，联系酒家，等等等等，好多事都得亲力亲为。有的事情还得受村规民俗制约，比如联系酒家就有人劝阻，说我们村一般是请某某酒家操办，最好不要请别的酒家；点菜也不能超过多少元一席，价位太高的话，有的村民会有意见，他们担心今后自家老人去世时花钱太多；烟酒都得随大流，我们准备好的"黄芙蓉王"必须换成"精白沙"。本来我们想尽心尽力把喜事办好一点，一是母亲这辈子太不容易，又是村里第一高寿；二是各位亲朋好友新年大节来祭拜我母亲，我们得好好答谢大家。无奈村里阻碍太多，必须入乡随俗。

　　好在欧阳家亲戚多，欧阳本人世面宽、人缘好，来悼念祭拜我母亲的人是络绎不绝，除了众多的亲朋好友、同事同学、单位领导，还有桂阳县的县领导和局领导。这么多贵宾的到来真的是让我娘家蓬荜生辉！市教育局周局长夸我俩孝敬老人做得好，老人无疾而终，真正安详善终，"你们修到了"。我觉得这是母亲的造化，因为母亲生前勤劳善良的优秀品质和热情好客的性格特点使她赢得了许多人的尊重。我想，母亲在天有灵的话，应该含笑九泉。

　　……

　　母亲的葬礼办得很体面，很隆重，很热闹。感谢所有的来宾，感谢给我们家帮忙的所有好心人，更感谢我的公公婆婆和他们的长子欧阳海波——我的爱人！

　　葬礼过后，我的嗓子嘶哑了，根本发不出声音，数日之后才慢慢好转。

女儿的祭品

　　送走母亲没几天，也就是正月十二，我又回到了高三的教学岗位，那年我教的是桂阳三中两个重要的理科班。

擦干眼泪，我又走上了三尺讲台，继续努力干着我的事业，继续爱着我的弟子们。

与以往不同的是，每天回到家时，我已见不到母亲慈祥和蔼的笑容了，也听不到母亲那轻柔温暖的声音了，我成了没爹没娘的孩子——真正的孤儿。

我一时走不出失去母亲的阴霾。每每走进母亲的房间，我就伤心落泪；每每路过曾给母亲买过衣服的商店，我就立即想起母亲试穿衣服的情景；每每见到新鲜水果上市，我也失去了购买的兴趣，因再也见不到母亲尝鲜的笑脸了。物是人非，叫我肝肠寸断！

我按母亲生前的好习惯，把她的床铺整理好，一如既往地罩上床罩。然后，把她的遗像放在床头，每天给她鞠躬，默默地跟她"诉说"自己的思念。每每煮了好吃的饭菜，我会首先盛一小碗，放在母亲的遗像前；每每待客买了新鲜水果，我会挑选出三个最好的，用小果盘装着，放在母亲的遗像前；每每哥嫂带来了时令蔬菜，我也一如既往地先让母亲"尝鲜"；逢年过节，请公公婆婆等家人吃饭，我会悄悄地把最好的大菜盛上一小碗，摆放在母亲的灵前；每每从长沙儿子家回来，我会默默地告诉母亲她外孙的所有好消息，将她外孙家给我们的礼物（自制蛋糕、腰果酥和月饼之类）拿出一点给她"尝尝"；出远门旅游归来，我也会把买回的特产放一点在母亲的灵前，让她"品尝"；我每每获得荣誉证书和奖金红包，也定会敬献给母亲，让她满心欢喜……

一年365天，我随时更换着献给母亲的"祭品"。

几年后，一位朋友正告我："你应该考虑欧阳的感受。"于是，我把母亲的遗像放进了柜子，把祭品也摆放在柜子里，只是把柜门打开一点点。

再后来，为了方便照顾公公婆婆，我们搬家了，又搬回了城北居住。我把母亲的遗像放进了一个木箱子（我的嫁妆），把祭品摆放在箱子上面。

……

岁月匆匆，时不待人。不知不觉，母亲已走了十年余。"十年生死两茫茫，不思量，自难忘。"母亲啊，您永远活在女儿的心中！

为了母亲的遗愿

母亲有何遗愿？一是希望她的孙子孙媳给她生曾孙，二是希望她的儿子儿媳能住上新房子。

为了实现母亲的遗愿，我一直在努力，欧阳也一直在默默地支持我帮助我。

在我们的关心下，侄儿侄媳领了结婚证，举行了婚礼，可我们却迟迟不见侄媳怀上孩子。母亲生前是多么地想抱上曾孙啊，可是等到96岁高龄仍然没能如愿。残酷无情的现实，可怜巴巴的母亲。

……

2018年，我们终于盼来了两个新的生命。两个宝贝是早产儿，出生时体重都不足4斤，一看就让人心疼。大宝贝在市儿童医院住了20天，小宝贝在儿童医院住了40天，让人心生怜爱的两个宝贝。

为了有时间照顾好两个宝贝——我们盼了多年的侄孙，我提前五年退休了。于是，我马上由高中教育转入了家庭幼儿教育。

喜建新房

母亲和兄长受尽了人间的苦难，让我活了下来，还扶我读书跳出了农门，我是幸运的。

孤儿寡母的家庭历来贫寒，一直住在破旧不堪的祖屋里过日子。我早就看在眼里，急在心里。

近些年，党的惠民政策好，一栋栋别墅似的民房拔地而起，一个个旧村庄展露新姿。

可我老兄家几十年来依然住在百年祖屋里。每当大雨瓢泼时，我们家那祖传老屋便处在风雨飘摇之中，雨水下注，泥沙下漏，厅堂和卧室立即变成一尺多深的水塘，要垫上木板和砖块，穿上雨靴，才能在家中行走。

无奈之下，我和欧阳一起拟写了建房申请。在各级领导关心下，2016年夏天，老兄终于获得了建房许可证。6月22日我们上交了一万元建房保证金给村里。几天后，老兄家的房子终于动工了。

……

经历了一些小波折，忍受了一些小磨难，我们严格按照郴州市北湖区民房建设的统一规划，终于把三层楼的新房建起来了。在哥嫂、侄儿侄媳、欧阳和我的共同努力下，我娘家的新居于2016年底封顶竣工。

2018年2月7日，老兄家新房进伙大吉！

至此，母亲的两大遗愿终于完成，我如释重负。

最后一课

同学们：

2018 年上学期已进入尾声，今天是本学期最后一节语文课。

我想以全国"书香之家"女主人的身份跟同学们说说心里话——

是读书，让我跳出了农门，拥有了一份稳定的工作，成了一名光荣的人民教师；

是读书，让我在高等学府与亲爱的他相遇，收获了甜蜜的爱情，拥有了幸福的小家庭；

也是读书，让我懂得了如何孝敬老人和科学地养育孩子，于是一家老小和和美美，我们的家庭先后成了"郴州市五好文明家庭"、"湖南省文明家庭"和"全国第二届'书香之家'"；

更是读书，让我几十年如一日，不断进取，与时俱进，拥有了无悔的青春和无悔的人生！

于是我坚信：知识就是财富，学习改变命运。

今天是我的最后一课。你们是我的关门弟子，我希望你们"青出于蓝而胜于蓝"。在今后的日子里，老师我——

愿你们珍惜青春，勤奋苦读，来年金榜题名，美梦成真；

愿你们懂得感恩，德才兼修，做一个于己于家于国均有益的好人；

愿你们今后的人生，顺顺利利，平平安安，健健康康，快快乐乐！

明年的夏天，我等着你们高考的好消息！

未来的日子里，我坚信你们会捷报频传！

请同学们记住：知识就是财富，学习改变命运！

……

退休

2018 年 7 月 12 日上午，我给学生上完了"最后一课"。

之后 1609 班的女班长几次问道："老师，您今天下午还来学校吗？""老师，老师，您晚上还会来学校吗？""老师，最后一节语文晚读课了，您还会来吗？""我们大家都特别特别舍不得您，您会来吧？""我还想让老师帮我改改作文，可以吗？"我真诚告知："还没放暑假啊，我还得上班。我会坚守岗位，站好最后一班岗的！"于是她特兴奋特激动地对我说："您是我们最好的语文老师！向老师致敬！"

晚饭后，我提前来到学校，一如既往地准时迈步去教室。可是，我意外地发现 1609 班教室黑灯瞎火，鸦雀无声。待我步入教室门口时，教室的灯立即全亮，紧接着是班长一声"起立"，全班同学齐刷刷地站了起来。"老师好，老师您辛苦啦！"这整齐洪亮的声音足足让我愣了半分钟！瞥一眼黑板，映入眼帘的是"老师您辛苦了，我们爱您！1609 班"。看到这里，我已经被弟子们感动。慢步走上讲台，只见蛋糕、贺卡、书信等礼物堆满了一桌，我一句"谢谢大家，谢谢同学们！"话音未落，一个男孩已来到讲台边，双手捧着一大束鲜花毕恭毕敬地献给了我。随后，班长又上台双手递给我一本红红的荣誉证书——"中国最美女教师"，弟子们给了我很高的荣誉。此时此刻，我被感动得热泪盈眶，真有点"哽咽不能语"了。

待我把感谢和嘱咐的话语说完,班长马上组织大家照合影。隔壁班(高一时我教过的班级)听到动静后,也跑来好些同学参加拍照。整个教室挤满了人,可谓人山人海,我被弟子们簇拥着,捧着鲜花站在教室正中间,真有点"她在丛中笑"的味道,于是颇为壮观的师生合影生成了。

大合影之后,是许多的小合影,还有好些男女同学依次与我单独合影,一张张熟悉的笑脸定格在了一张张靓照中,孩子们对我的那份依依不舍之情则定格在了我的心底。

那天,好些政教管理人员和上晚班的老师曾一度以为某班发生了什么乱子。

……

这个学期最后一节语文晚读课,我的关门弟子——桂阳三中高二1609班的学生给了我莫大的惊喜,也给了我不尽的安慰,我记住了弟子们特意为我举行的这别开生面的告别晚会,更记住了弟子们的深情厚谊。

回家后,我慢慢地品读弟子们的书信,静静地感受弟子们的爱——

"老师,以前啊,我听到您说我们是您的关门弟子时,我是面带微笑的,因为我觉得您会带我们一直到毕业的。可是,没想到昨天您就来给我们上最后一课啦!听着您的谆谆教诲和殷殷嘱托,我的泪水不听话地流了出来。听着听着,似乎时光又回到了2016年8月30日,那天我第一次见到您,内心立即响起了一句话——您真美!您穿着跟今天一样的莲花旗袍,从容地走上了讲台,您给我们上的第一课让我永远记住了'腹有诗书气自华'这句话,我认为您本身就很完美地诠释了它,用您的言行!……

当您在班上宣布我当您的语文课代表时,我内心的喜悦和激动简直不可言喻！于是，我下定决心要认真负责地做好每一件事情，争取成为优秀课代表。每天上语文课我都用最好的状态来面对，静静地聆听您所讲的每一个内容，认真地做好课堂笔记，生怕有什么疏漏的地方。听您的课，我总觉得如沐春风，心情畅爽。后来，我们在您的带领下，愉快而贪婪地吸取着语文知识，班级语文成绩也稳步提升。

老师，现在我只想对您说：'您辛苦啦！谢谢您，老师！能遇见您，是我们的荣幸！'……"

这是 1609 班语文课代表慧芳同学 7 月 13 日写的 QQ 日记。

"老师，今天我一回家，打开手机 QQ 空间，看到的都是我们 9 班同学对您的感激与不舍，我不禁又流下了泪水。周老师，谢谢您！很荣幸能成为您的关门弟子，很荣幸您陪伴了我一年半时间，遇见您真是我的幸运！

老师，谢谢您教给我们书本知识以及做人的道理！您兢兢业业，尽职尽责。您每天忙碌的身影早已成为我们生活中一道亮丽的风景。唯有学而不厌的先生才能教出学而不厌的学生……

我会谨记您的教诲，勇敢前行，让自己的青春无怨无悔！老师，我们永远不会忘记您，我们 9 班一定不会让您失望，明年我们一定喜传捷报！"

这是文青同学 7 月 13 日写的 QQ 日记。

"老师，您的笑，您的好，早已在我心中一笔一画地勾勒出一幅水墨丹青！愿岁月温柔以待，愿您幸福安康！——您永远的学生桂芳。"

桂芳同学是 1609 班的女学霸。

"有一个人，她不是魔术师，却可以使刚劲端庄的方块字在黑板上或灯片上跳来跳去；有一个人，她不是雕塑师，却身体力行塑造出了一批批青年人的灵魂；有一个人，她不是船长，却可以带领我们去领略知识的海洋；有一个人，她不是英雄，却比英雄更为伟大！

周老师，这个人就是您。您永远是我们最好的语文老师！

'您'，就是把你放在我们心尖上。

我们永远爱您，周老师！欢迎随时回家看看您的孩子们。

——1609"

班长秦同学献给我一本厚厚的留言本，上面是扉页上的文字。留言本中是几十个同学写给我的情真意切的暖心话语。

……

"亲爱的周老师：您好！闻悉您即将告别讲坛的消息，惊讶、不舍、思念、祝愿的心情一齐涌上脑海，于是我决定写下这封信，安放所有您留给我的闪光的回忆。

虽然我们只在1607班相伴了短短一个学期，但您早已在我的心里留下了不可磨灭的记忆。

……

就是在您的语文课上，我受到了鼓励与鞭策，我突然发现在黑暗中也可以找到自己的价值，应该去努力改变现状。而老师您就是掌灯的那个人，让我借了您的火种，努力去发光。

……

我真的十分怀念您用自信和书卷气装点的充满活力的课堂，也非常想念热爱讲台的您。

我会永远记住您春风化雨般的教导。愿您年年喜乐，岁岁平安！

最后，请允许我借用2016届师兄师姐们特意为您创作的对联作结——'含辛茹苦是为桃李丰盛，酿花酿蜜以成学子赤心'。

老师，谢谢您，直到永远！"

这是文科班的学霸涵添同学半夜三更给我写的书信，足足有两千字。她给我发彩信的时间是子夜。虽然我只教了她半年，因为后来她选学文科了，而我教的是理科班，可她从同学那儿得知我要退休的消息时却夜不能寐，真让我感动！

第二天，学校召开学期总结大会。大会结束，我所在的高二年级全体老师留下来继续开会。他们也给了我意外的惊喜——特意为我举行了退休欢送仪式：高二年级周主任致欢送辞——充分肯定了我为人师表的德能勤绩，对我予以高度评价；下年级的校领导为我献上年级特意给我准备的礼物——鲜花和红包。同事们给了我雷鸣般的掌声。

老同事邓老师在年级微信群里说道："桂阳三中第一次向一位即将退休的老师送鲜花送祝福，虽然还是小范围，也算是迈出了一大步。欣慰！"咱们语文组的李副校长也说："周老师以高尚的师德、勤谨的作风和卓越的成就赢得了学生的喜爱，也赢得了三中的第一次。为高二年级人性化的仪式点赞！"

没想到我拥有了"三中的第一次"，真值得骄傲！

据说，从此，桂阳三中每年都为新近退休的教职员工举行荣退欢送仪式。这是后话。

同样是这一天，即7月13日，我还收到了许许多多同事的祝福——

年轻教师侯老师说："今天真的好感动啊！18至55岁，周老师一生最美好的年华都贡献给了这平凡的三尺讲台。周老师的兢兢业业，我们每个人都看在眼里，记在心里。向周老师致敬！祝您心想事成，健康幸福！"

县级"优秀教师"邓老师说："向周老师致敬！祝福周老师天天开心，身体健康，幸福到永远！"

市级"骨干教师"吴老师说："祝周老师退休生活丰富多彩，儿孙绕膝，尽享天伦！您永远是我们学习的榜样！"

市级"骨干教师"肖老师说："一位德艺双馨的老师就像一道光，会照亮学生的心田，指引学生的人生方向，让他们永生难忘。周老师用她对教育事业的满腔热忱、对三尺讲台的情有独钟和对学生的无私奉献收获了桃李满园，赢得了同事的敬重和学生由衷的爱戴！向周老师学习致敬！"

年级管理人员廖老师说："向尊敬的周老师学习、致敬！祝周老师身体健康，幸福快乐！"

年级主任平云老师说："周老师，能成为您的学生，是学生之幸；能与您共事多年，是平云之福。作为一名年级管理员，我们只是做了自己应该做的事情，其实做得还远远不够。周老师，感谢您一直以来对我的关心与支持！敬祝您家庭幸福，万事如意！"

分管年级的领导朱副校长说："周老师，您是我学习的榜样，给您献鲜花不是仪式而是由衷敬佩。祝开心幸福一辈子，日子越过越滋润！"

县级"优秀教师"曹老师是教物理的，竟然特意为我赋诗一首："春风化雨几十载，五洲桃李叶成荫。翰墨书香流芳远，育人灵杰满园春。"

……

领导和同事们的夸奖与祝福让我心生感动，周身温暖。

已毕业十年的2008届学霸班212班班长晓峰同学得知我退休的消息，深情创作了《咏师》：

三尺讲台之巍峨兮，虽泰山不及其雄伟。

鹿院千年之静美兮，虽西湖不及其绚丽。

严师勤勉之育人兮，别十年其音容仍伴。

耻吾辈匆之不察兮，不明恩师之将功退。

潮州路八千，羊城灯火煌。

何当回故里，重归鹿院郎！

三尺台下坐，诵读豪壮言。

唐诗颂三百，宋词读千篇。

先同屈子思，复与苏子辩。

文奉周夫子，劳请再赐言。

（鹿院，指鹿峰书院，乃桂阳三中前身）

他在诗的后面进一步说明：

"晓峰代桂阳三中 2008 届 212 班全体同学祝周辛花老师：新的征程幸福、安康！并代传我辈对周老师的誓言：您的谆谆教导，我们终生不忘；您的警句名言，吾辈代代相传！"

212 班语文课代表利红同学发来微信说："老师，我发现能从您身上学的不仅是语文知识，还有太多的人生智慧和思想品质。有时候理想的一些东西总会被现实打败，慢慢地我就想屈服于现实，但是看到您活出这么理想的一种人生、一种状态，我又从中获得了许多精神力量，我又见到了多年前您在批改我作文时提到的'曙光'。"

被评为"湖南省最可爱乡村教师"的李姝芳，是我 1985 届第一批学生中的一员，她青出于蓝胜于蓝，令我骄傲和自豪。得知我要退休了，她在微信里说道："周老师，祝贺您！您终于给自己辉煌的人生画上了一个圆满的句号！您桃李满天下，功成名就，收获满满！您是一名真正的优秀教师，一个真正殿堂级的人物，值得所有师生及社会各界人士爱戴！我为自己能有您这样的老师而感到自豪！……您还是我一生中最佩服的一位老师。您师德高尚，您敬业勤奋，您爱生如子，您什么都是做到最好！您教什么，学生就收获什么。有您这样的老师，是所有学生的福气！……"

还有我任教的 2005 届学霸班 156 班的学生——我的鹏儿，也给了我莫大的精神慰藉，他写了一首七律《懂您》，似乎很好地概括了我的教学生涯：

冬去春来夏流丹，榜张炮鸣喜讯传；

休羡桃李天下芳，种花容易树人难。

十年寒窗人道苦，一世讲台又何堪！

只为弟子腹内满，终日耕耘心亦甘。

我告诉儿子说："我已上完'最后一课'。"儿子回复道："人生大讲台，您的鹏儿一直在您班上听课呐。"又说："天地君亲师，生于天地间，庇于君国下，养乎双亲怀，育于恩师手。亲恩似海，师恩如山！"得子如此，母复何求！

远在广州的老同事老朋友胡老师夸奖道："作为一名普通的一线教师，你是非常成功的！不仅仅是现在盖棺论定，早在桂阳一中时你就赢得了很多学生的敬佩。尽管政府没给予你应有的很高的荣誉，但学生的认可和尊敬就是最高荣誉！你在我心里一直就是名师！永远的同学＋多年的同事＋一辈子的朋友，就这个身份也无法完整地描述你对教育的情怀！于父母、于孩子、于家庭，你是不可或缺的；于学校、于学生、于三尺讲台，你是不可多得的。恭喜你给自己的事业画上了圆满的句号！恭喜你即将开启新的生活！"

……

太多太多的感动令我动容，太多太多的真情值得我珍藏！此时此刻，我只想借用先生演讲词中的两句话来概括："我富有，我是人民教师；我骄傲，我是人民教师！"

惬意的日子

按新的政策规定，本来中学女高级教师要 60 岁才退休，想提前退休还得写申请。2018 年 5 月我上交了退休申请，10 月正式退休，11 月拿到了中华人民共和国退休证，给我钟爱了 37 年的教学生涯画上了比较圆满的句号。

不用上班了，虽有点不习惯，但一时也觉得日子过得好轻松好惬意。

一觉可以睡到自然醒，不用担心迟到打不了卡，也不用担心上课的铃声快响了。不用起早贪黑地工作了，更不用夜以继日了。我能自由支配自己的时间，做生活当中自己愿意做又喜欢做的事情了。大脑处于完全放松状态，不再是随时绷紧一根弦。这种随心所欲、自由自在的日子，不是许多上班族所羡慕的吗？

我想，人生可做的事还有很多很多，即使退休了，也可老有所为，老有所乐。

在家做做美食，出门看看风景；不时陪年迈的公公婆婆吃餐饭，散散步，走走亲戚，访访朋友；闲时管管花草、看看电视、看看书报、写写自传、玩玩美篇；寂寞了就出门拜访老朋老友，喝喝茶，聊聊天，逛逛街；侄儿家需要我的时候，就帮他们带带孩子，教教两个侄孙女……

新年感言

转眼之间已是 2019 年元旦，真的是时光飞逝，人生易老天难老。

退休了，不用凤兴夜寐了，挺享受地度过了两个月的轻松惬意日子。但随着时间的推移，心里似乎空落落的，渐渐感觉到了一种不用工作的无聊味儿，还滋生出一种离开了工作团队后的孤单寂寞味儿。于是我想起了罗丹的名言："工作就是人生的价值，人生的欢乐，也是幸福之所在。"

是啊，工作的乐趣和幸福是无法用别的形式来替代的。

许多人说我是一个女强人，我只想说我是一个有故事的女人。我的故事大都藏在心里，只有一部分写进了日记本里，我收藏的日记本已有几十本。

现在的我似乎真的自由了，可以随意安排自己的时间了，我想重新规划自我，活出另一番精彩。

……

祝福我爱的人和爱我的人新年快乐，生活甜美，诸事顺心！

享福

早在 2012 年 5 月 22 日，郴州市教育局周局长在陪省政府教育督导专家组一行来我县进行督导评估时，曾特赠我一副对联："历经磨难成名师，苦尽甘来有清福。"局长所言极具概括性和预见性，仿佛是我人生的真实写照。

2019 年春节，儿子儿媳回家过年，我和孩子他爸真的是享福了。

年夜饭的菜谱是儿子他们拟的，其中的腌笃鲜、桂花糖藕、八宝福袋等美食，选料之讲究和做工之精细真让我们大开了眼界。

原来美食不只是用来饱口福的，更可以用来饱眼福，让人赏心悦目。

几十年来，每年春节都是我主厨，如今儿子"青出于蓝胜于蓝"，儿媳聪慧漂亮又能干，有他俩在身边，想吃啥美食，上网一查，动手一做，绝对像模像样，好吃好看！于是，我由"主厨的"

变成了"帮厨的"，主要任务是"欣赏美食"和"品尝美食"。

咱娶得一北方儿媳，本担心南北饮食差异大，没想到纯属多虑。

儿媳做的山东饺子、炸酱面、油炸带鱼、油炸茄盒、油爆大虾、黄焖土鸡、金沙南瓜、清蒸青龙、清蒸海螺、清蒸老虎斑、清炒黄蚬子、猪肉炖粉条，还有寿司、椰卷、蛋糕、面包、月饼、三明治、汉堡包、千层饼、玫瑰鲜花饼等美食，可谓色香味俱全，让人垂涎三尺！而儿子做的坚果酥、菠萝饭、蛋炒饭、啤酒鸭、梅菜扣肉、剁椒鱼头、酸辣土鸡、香辣凤爪、猪肚煲鸡、牛肉火锅、香辣一锅鲜、青椒炒瘦肉、牛肝菌炒肉、油炸大明虾、青椒肉丝炒鲍鱼等美味佳肴，则让我刮目相看，自叹不如。真可谓南北美食荟萃，家庭生活更美！

2022年6月中旬，儿子特意在网上给我和他爸物色了一家比较好的旅行社，订购了两张去张家界旅游的票，儿媳则事先给我们做了旅游攻略，还精心为我们准备了金果、面包、麻薯等多种零食。四天的幸福之旅，让我们欣赏到了人间仙境——喀斯特地貌中石峰林立的张家界和古风古韵犹存的灯火璀璨的凤凰城，别样的风景，别样的享受！

平时每逢周末休息，儿子儿媳还会陪我游山玩水，亲近自然，呼吸新鲜空气。我来省城照顾孙女才一年多时间，城内城边的景点几乎走遍，好看好玩的地方甚至多次打卡。

看舞台大戏、观新潮电影也成了我的家常便饭。

让我非常感动的是：在海边长大的儿媳齐齐很爱吃海鲜，可每每煮了诸如文蛤、蛏子、海螺、梭子蟹之类的海鲜，她却先挑选个大的熟练又细心地剥去坚硬的外壳，将鲜嫩的海鲜肉放进我的碗中，甜甜地对我说："妈，您尝尝，很鲜的！"有一个周末，咱们一家人去逛街，然后在外面吃午饭，齐齐特意带我们去了一家生意火爆的海鲜店,特意点了一只四五斤的帝王蟹,一蟹三吃,说是给我们尝尝。我也算是大开眼界,大饱口福了。

又如,齐齐见我两鬓斑白,便悄悄买来国际品牌的染发膏,不惜牺牲晚上的休息时间,用她的纤纤玉指亲自为我美发。前几天,我腹部有点儿不舒服,齐齐听说后,马上给我网购了意大利原装进口的益生菌胶囊、"妈妈花园·清清片"和"妈妈花园·西梅汁"等,并反复强调要按时吃药,不可大意。昨天,齐齐又将一大瓶钙片递给我,说是容易吸收的奶油钙片,我顿时有些惊讶,后来才知是她看了我的"体检报告单"上有"骨量减少"的结论,马上就悄悄地在手机上下了单。

再如,齐齐见我平时用的包包有些陈旧,见他们老爸常用的拉杆箱也有些褪色,于是趁我周末回老家之机,特意给我们买来了大品牌的包包和拉杆箱,给了我们一个大大的惊喜。齐齐这闺女的细心和孝心也真是可圈可点了。

接下来说说咱儿子。儿子知道我从来不吃肥肉,每当蒸了梅菜扣肉,他会十分耐心细致地用两双公筷将肥肉去掉,把香香的肉皮和瘦肉夹给我,跟他爸的做法一模一样。儿子知道我畏惧吃鱼,因为我被鱼刺卡过喉咙,于是每每买了大鱼,他会不惜花上数小时,小心翼翼地将所有的鱼刺挑选出来,再将鱼肉做成鱼丸或鱼糕,这样我吃起来就不用担心被卡了;如果买的是适合清蒸的鲈鱼或鳜鱼,我儿则会将鱼刺最少的鱼肚子上的肉夹给我,他自己则吃刺多肉少的鱼头鱼尾。平时,只要听我说哪儿有点不舒服,他就马上驱车数公里送我去最好的医院,十分耐心地陪我看医生。有时大医院患者太多,动辄排队等候半天,此时我便心带歉意地对儿说:"花这么长时间,耽误你的事了。"我儿立即宽慰我道:"还有什么事比我妈妈的事更重要呢?"

平时,儿子为了减轻我的劳动,每餐饭后,他都会抢着去洗碗筷、抹灶台和拖地板，每天出发去上班时都会顺便把家里的垃圾带走，每晚再迟洗的衣物他都要亲自晾晒（不让我动手，总要我早点休息）。儿子的细心和孝心同样让我动容！

2023年9月至10月，两个月内我们一家五口就游了三个地方——广东顺德、广西北海涠洲岛和山东烟台；2024年4月中旬我们又游览了云南的西双版纳和江苏的南京，11月下旬还游览了十三朝古都——西安：赏自然美景，看人文景观，品人间美食，真是大饱眼福口福，大开眼界心界！只是辛苦齐齐和鹏鹏了，吃喝住行都是他俩操心他俩出钱，我和孩子他爸只管尽情欣赏自然美景和人文景观，尽情享受天伦之乐和优哉游哉的美好生活。作为父母，亲眼看着孩子们忙前忙后，操心不已，心里真有些过意不去，可儿子却在微信里说："辛苦了几十年，本来该安享清福的年纪，结果还要为我们的小家庭所累，有机会还是想带你们到处看看，就勉强算是劳逸结合了。世界那么大，我想带红豆更想带你们去看看，阅遍世间繁华美好。"（"红豆"是咱宝贝孙女的小名。）儿媳齐齐则发了个"双手赞成"的表情图。孩子们有如此孝心，也真是我们今生的福分。

还要得意地补充几句：儿子儿媳给我买的第一部华为手机很漂亮，外壳呈淡紫色——我的最爱，非常好用；前不久他们又给我换了一部新的华为手机，内存更大，更新潮，更漂亮。还有，他们精心选购给我的波司登羽绒服，也是我最贵最时尚的衣服之一；他们送给我的大品牌金项链，堪称我的奢侈品。

……

访友

2019 年 2 月，在好友的盛情邀请下，我和先生再一次去拜访了住在顺德的朋友——红燕。

四天的顺德之行，非常开心！

开心之一，红燕有心，特意选择木棉花开的季节邀我们去赏花，让我终于见到了舒婷《致橡树》一诗中的"木棉"，欣赏到了那高高的木棉树和那满树的红硕花朵，实现了多年的心愿。

开心之二，见到了多年未见的老朋友，还很意外地见到了一位大学同学。他乡遇故知，心情美如画。

开心之三，不用"寻味顺德"，有好朋友和老同学在那儿，自是品尝到了顺德的多种美味，唇齿留香。

开心之四，白天赏风景，晚上话家常。白天出门有好友当导游兼摄影师，自是玩得轻松愉快；夜晚住在好友家里，促膝谈心，天南地北，无拘无束，畅快淋漓。

开心之五，返回途中，路过清远，又拜访了一位朋友，是先生四个"结拜"兄妹中的老四妹妹，欣喜地得知她家有三喜盈门，她怀上了双胞胎，又买了新房子。真为老四一家高兴！

清闲的日子

2020 年 4 月，我们搬回了 20 年前住过的小房子，主要是为了方便照顾我欧阳的父母，因为父亲已82岁，母亲也78岁了。

其实，二老身体就他们这个年龄来说已经算不错了，生活完全能自理，偶尔有点小病小痛吃点药或者去医院调养几天就没事了。

父母很容易满足，我们不时叫他俩来吃餐饭，或是送些自己做的包子、饺子、土豆饼、南瓜饼之类的给他们尝尝，买了玉米、黄瓜、西瓜、香瓜之类的给他们分享一点，或是傍晚陪他们去散散步，周末带他们出去看看周边的风景，抑或陪他们去走走亲戚访访朋友，他们就非常满意了，我们就时常能见到二老开心的笑容了。父母是有福之人。

咱住房周围有几所学校，每天清早能准时听到叫学生起床的军号声或是高亢嘹亮的歌曲《北国之春》。这可有些糟糕，那军号和歌曲总能唤醒我往日上班时的美好记忆，给我清闲的日子平添些许伤感和落寞。我每天的作息依然有规律，只是早饭过后，欧阳上班了，我却无班可上，独自待在家里闲得发慌。

近来，为了打发时间，我似乎爱上了做美食。先看看手机上的美食视频，之后便采购食材，再一步步地按视频操作，土豆饼、菠菜饼、苋菜云耳饺、芹菜瘦肉饺、苋菜云耳胡萝卜水晶包等，都尝试着做了做，选那些做得漂亮的好吃的给二老送些去，做得丑一点的不太好吃的就自己留着吃。有朋友戏谑地提醒我"别浪费粮食"，但更多的亲友是夸奖我"好手艺"。咱家欧阳不嫌弃，我做什么就吃什么，而且吃得很香。

曾有朋友几次邀请我去市里的一所民办学校去上课，说是课酬不低，教两个班的语文每月上万元，食堂伙食也相当不错，交通费每月还补助500元，每月休假两天，资深教师一周可回家两三次。在市里另一民办学校任教的老同学也打来电话，说是复读班很缺老师，问我是否愿意去。还有在顺德的好友受人之托特意转告我，顺德某中学急需高中语文老师，很希望我能去。其实我们县城内有两所民办学校的负责人早就盯上我了，记得我退休的当天就接到过某民办学校领导的短信和电话。于是，我开始犹豫了，我是不是该重返三尺讲台呢？赚钱不是关键，关键是工作能填补我内心的空虚与无聊，让我享受到工作的乐趣。

先生说，我最怕浪费光阴；闺蜜说，我是一个闲不住的人。他们都懂我。清闲的日子似乎不太适合我。

一根玉米

闲着没事，想到公公婆婆爱吃面食，于是又买回一袋面粉，买上一斤瘦肉和一把韭菜，立即动手包起饺子来。

饺子出锅后，我趁热给二老送了些过去。婆婆见后笑容满面，公公见了喜上眉梢。

后来我在外面办事，婆婆打电话要我去吃水果玉米。待我办完事走到自家门口时，正好碰见公公给我送来蒸熟的玉米。我打开保鲜袋，一股浓郁的玉米香甜味儿扑鼻而来。

后来得知，是妹妹送了三根水果玉米给爸妈吃，而二老却想着给儿媳我也尝尝。

这就是爱的双向流动，这就是血浓于水的亲情。

一根玉米，我满心感动！

回娘家

2020 年 6 月 16 日，退休在家的我，闲得无聊，便想回娘家看看。

娘家只有兄长和嫂子住那儿。给哥嫂带点什么礼物呢？

前几天听嫂子说，家里好多蚊子和苍蝇，我便到药店买了"蚊不叮"和风油精各两瓶，又到超市买了驱虫剂。哥嫂养了土鸡土鸭，晚上怕坏人偷盗，哥就睡在楼顶的阳台上防守着，浑身上下往往被蚊虫叮咬得目不忍睹。我们要哥嫂别养鸡鸭，可是鸡鸭又是家里经济的主要来源之一，再说他们那可爱的双胞胎孙女特别喜欢吃土鸡蛋，他们得经常送些去郴州儿子家。每次看着两个小孙女大口大口地吃煮鸡蛋时，哥嫂便笑容可掬，特享受特满足的样子。

冰箱里的几斤绿豆我也带去了，时值盛夏，哥经常在外干农活，得吃点解暑解毒的食物。前不久哥牙痛，说是吃了两碗绿豆汤就好了，那绿豆也是我买的。

从去年开始，猪肉涨价了，几十元一斤，我想哥嫂平时是舍不得随便买的，于是我到超市买了五花肉，又买了猪前脚，因为嫂子爱吃五花肉，哥的腿脚这两年经常出毛病也得补补。

牛肉 50 多元一斤，这么贵，我想哥嫂平时更舍不得买了，我得买一点。

有同事说，海鸭蛋好吃。我也买了几个，给哥嫂尝尝。

又到吃玉米的季节了，我照着母亲以前的做法，把玉米须须留着晒干，给哥泡水喝或者煮汤喝，可治出虚汗。

这些天气温很高，听嫂子说，他们种的西瓜香瓜受前段时间的暴雨影响，结的瓜好些都烂在地里了，我便买了一个大西瓜给哥嫂解暑。

欧阳要上班，我独自坐公交车回娘家。也快，半个多小时就到了。

哥嫂在外干活，我自己开锁进屋（哥嫂给了我一串钥匙），主动打扫了一下卫生。

中餐的饭是嫂子煮的，菜是我炒的，因为嫂子不知道要炒什么菜来招待我，只好我来安排。

哥把我买的西瓜切了，总要我多吃点，我吃了两大块，很红很甜。

临走时，我留下了几百元钱，给哥嫂零用。哥急忙说："不用，先前你给的钱还有。"

回娘家一天，充实而忙碌。

我一闺蜜说，我太心疼、太娇惯娘家人了，很多事情都自己扛着，只是苦了累了自己。也许吧，可是，苦过累过之后，我也就心安了。毕竟，哥哥曾经为我付出过太多太多。

先生不在家

2021 年 7 月 26 日，咱家欧阳出差去江西了，不太放心年迈的父母的饮食起居，特嘱咐我多加关心。

其实，他不说我也会管事的。

清早，买菜：妈妈爱吃的豆腐、瓜藤、茄子，爸爸爱吃的苦瓜、丝瓜、黄瓜，都买了。再从自家冰箱里拿些荤菜。

本打算要爸妈来我家吃饭，但爸爸不肯，要我过去吃。

上午，我只好早点去父母家搞卫生：先清洗碗筷勺子杯子，消毒；再搞客厅、餐厅和厨房的卫生。

11:00，开始准备饭菜：爸爸淘米；我择菜，洗菜，切菜，配菜，炒菜。

爸爸为了改善我的炒菜环境，特意把客厅的大风扇搬进了厨房，让我享受到了丝丝清凉。说真的，老爸的细心和爱心很让我感动！

这不禁让我想起了1999年第一次住院的情景，当时我躺在县人民医院的病床上，爸妈火急火燎地赶去看望我，老爸还反复叮嘱我："小周啊，你工作别太拼了，上有老下有小，要注意保重身体啊！"听着老爸那方言味很浓的普通话，接过老妈递给我的红包，我心里顿时涌动着一股暖流……

12:30，开餐：清炒丝瓜，青椒炒油炸肉，苦瓜炒土鸭，家常煎豆腐，肉末炒瓜藤，黄瓜炒瘦肉。

爸妈，妹妹一家三口，加上我，六个人，六道菜，正好。

……

见父母家的水果刀生锈了，保鲜膜也用完了，我便趁午休时间去超市买了一把新水果刀和一卷点断式保鲜膜。随后，又在自己家里准备了三道菜，打算带去父母家。

17:00，开始准备晚餐。18:30，妹妹他们下班后来到了父母家，我准时开餐，依然六道菜，六人吃。

饭后收场：洗碗，抹灶台，搞卫生，丢垃圾。

接着是一家人喝茶，吃西瓜，聊天。

从父母脸上的笑容可以看出二老很开心，真的！

其实，老人家很容易满足，他们不在乎吃什么，只在乎儿孙绕膝，家人团聚。

今天我给父母煮了两餐饭，顺便叫上妹妹一家一起吃，一家人其乐融融。虽然我累出了一身汗，但收获了父母的笑容，值了！

居家度日

一晃又是一天，今天是 7 月 27 日。

盘点一下：

先是陪母亲（我婆婆）吃早餐，选了离家不远的一家早餐店，买了她爱吃的三鲜粉。

之后陪母亲去看医生。母亲昨天把干菜、花生等东西翻出来晒太阳，可能有灰尘和飞蛾之类，结果晚上皮肤奇痒难受。还好，就是皮肤过敏，打了小针，拿了药。

随后去农业农村局，帮父亲（我公公）领选民证。8 月 23 日，咱们桂阳县选人大代表。

回家途中，买了一把韭菜。家里有面粉、瘦肉、鸡蛋，于是做了 18 个韭菜瘦肉鸡蛋饼，趁热给二老送了一些去，剩余的自己吃。一个人在家的日子，也得打理好自己的生活。

下午，换洗床上用品——床罩和四件套。

一天就这样溜走了。

我这个人啊，每天都得找点事做，从来不愿虚度光阴，正应了先生夸我的那句话——"不用扬鞭自奋蹄"。

勤劳善良，跟我母亲学的。

又到开学季

眼见着 2021 年的中秋又快到了，时光真的如流水。也许我该"不负时光不负秋，只生欢乐不生愁"，只是古人早就说过："秋者，愁也！"

又到开学季，但不关我事，我已是局外人。

我真正离开了热爱了几十年的教学岗位，离开了那熟悉的三尺讲台，离开了自己的团队，成了一名十足的家庭妇女。

热闹是别人的，快乐也是别人的，我已无法再享受教育教学工作带来的乐趣！网络上偶见好的课件，好的励志文章，或好的时政素材，我这位语文老师仍会习惯性地赶紧"收藏"……

其实，我不只是离开了自己的工作岗位，还离开了自己熟悉的生活环境，离开了好些亲人、朋友，在比较陌生的省城开始了新的生活。

采购去吧，学着做美食，并把它当作自己现有的工作，学着喜欢它，慢慢爱上它。

儿媳有孕在身，我得学做一些适合她这个北方姑娘吃的菜肴，尽量让她吃多点，吃好点。

我记住了儿媳的饮食习惯：猪肚煲鸡放点胡椒粉，可去腥味，鸡头鸡尾鸡翅尖不宜入锅，其他汤菜不宜放胡椒，免得有辣味；梅菜扣肉宜切成薄片，不用放辣椒；瘦肉最好切成丝，加生抽淀粉蛋清腌上半小时，炒着吃才鲜嫩爽滑；炖牛肉加胡萝卜西红柿洋葱，肉质酥松，香味扑鼻；鲈鱼鳜鱼蒸着吃，带鱼黄鱼炸着吃，花甲油甲炒着吃；饺子煮着吃，包子煎着吃，烟薯烤着吃，毛芋蘸糖吃，板栗冻着吃；西红柿凉拌只放一点糖，黄瓜凉拌只需加点盐，焯水的菠菜宜与香炖的猪肝凉拌；大葱小葱花椒八角桂皮香果等香料只要其香汁香味，不宜直接放入菜中；银耳需文火炖四小时，炖出胶质才好；红枣不宜煮太久；菠菜、西蓝花和四季豆等一定要焯水；螃蟹、生蚝、海螺等不宜蒸太久……

活到老学到老，来省城一年半载的我厨艺长进不少。

当奶奶的甜酸味

2021 年 8 月 15 日，我来到了省城，静候孙宝宝诞生。2022 年 1 月中旬，我正式晋级为"奶奶"。

初为祖母的喜悦兴奋劲过后，紧接着的是育婴的劳累与辛苦。宝宝的父母辛苦，宝宝的奶奶也不轻松。

宝宝 3 个多月的时候，我和儿子儿媳几乎每天早晨都是这样度过的——

清晨 3:00 多钟仿佛有敲门声，我立即起来，轻轻走近主卧门，仔细听听有无动静，知儿媳和孙女都睡得香甜，于是返回卧室继续睡觉。

5:00 多被儿媳叫醒，马上起床。先方便一下，再进主卧抱孙宝宝。

5:20 哄睡宝宝，把她放我床上，接下来就自己洗漱。随后，把儿子的中餐从冰箱拿出，用保鲜袋装好，再拿点水果零食装好，一并放入他每天用的小布袋中。之后准备儿子儿媳的早餐：将蒸锅放上自来水，烧开（网络上说烧开再放食物便没有氯气侵入食物），再放食物（鸡蛋，椰卷之类）。思考片刻今天中晚餐吃什么菜，怎么荤素搭配，再从冰箱里拿出荤菜自然解冻，将素菜洗好备用，剥好蒜子、洗好生姜等备用。随后，将自己的衣服放入洗衣机清洗。晚上儿子他们要洗衣，他们先洗宝宝的东西，再洗他们自己的衣服，每洗一次要一个小时，等洗好已经深夜 11 点左右。

没过多久，宝贝在哼唧，我马上进卧室哄睡，打开"哄儿神曲"，轻轻拍拍宝宝的肩膀或屁屁，轻轻摸摸她嫩嫩的小手，她就又睡了。

抓紧时间，自己煮碗面吃。吃的过程中，孩子三次哼唧，且小手乱动，担心她抓伤小脸蛋，三次火速去哄睡。等孩子睡了，我大口大口终于把面条吃完。洗碗，涮锅，再将锅子开小火烧干，以免生锈，这是儿子他们的好习惯。

6:30 儿子准时起床，他先去主卧拿了奶瓶和拔奶器洗干净消毒，再洗漱，吃早餐。

7:10 又闻孩子在哭，我立即赶到，再次哄睡。这次哄不睡了，只好抱着孩子走动。7:20，儿子出发去上班，有一丝埋怨地说了句："这仔仔早晨总要抱！"听得出，儿子是担心我太辛苦。

儿媳每晚要起床几次，或喂奶，或拔奶，着实辛苦！为了哄睡孩子，我不止一次地看见她抱着孩子靠在床头坐着打盹儿，几个月来都不能睡一个整觉。今日清晨 4:30 左右她喂了孩子，之后又要拔奶，直到 5:00 多我抱起孩子哄睡，她才能补觉一会儿。当新生儿的妈妈最辛苦！

……

我每天抱孩子、煮饭菜、搞卫生，或者抽空去超市买点瓜果蔬菜之类，似乎也容易打发时间。

来儿子家快两个月了，除了去超市购物，我没接触过任何外人，有时内心深处也不免有些孤单和寂寞。偶尔发条微信给尚未退休的先生，他或许工作太忙，有时也无回音；偶尔打个电话给他，他有时也忙得说不上几句话。有几个就读长沙某大学的弟子想来看我，我又觉得在儿子家招待弟子们欠妥，因为孙宝宝还太小。

有时候我也觉得有些困倦，还担心自己有点神经质，经常睡不安稳，动辄耳边隐隐约约有婴儿的哭声，究其实是我高度紧张所致。

当然，苦中也有乐。当宝贝睡醒的时候，逗她玩一玩，看着她开心的笑脸和手舞足蹈的样子，其实也很治愈。有时看准机会拍个美照或录个短视频，发给远方的亲人们瞧瞧，往往能赢得赞美声一片。孩子的曾祖父曾祖母更是把看曾孙的照片和视频当成每天的"必修课"，百看不厌，乐此不疲。每每看到公公婆婆脸上绽放孩子般的笑容，我便觉得吃点苦受点累也值了！

有时候趁节假日回老家一趟，公公婆婆还把我当成"大功臣"，公公几次笑眯眯地说道："你带孩子辛苦啦，我们要请你吃饭，就定在 XX 酒店，可以吗？"不要说吃饭，就是听了这句话我也挺受感动的！奶奶带孙，本就天经地义，二老能认可我的劳动，我已心满意足。

……

当奶奶的滋味似乎是一股甜酸味。

愿时光不老

端午前夕，趁儿子休节假，我从省城回到了桂阳，之后跟欧阳一起去了一趟郴州，看望了我的大恩人——陈少林姑父，还有他的夫人。

　　我永远忘不了高中阶段他给予我的物质上的关心和帮助，以及精神上的鼓励和引导。他同情弱者，并对弱者解囊相助；他关心青少年的成长，并谆谆教诲，爱才惜才。我的成长和成熟，与他的关心、帮助、教育和鼓励是分不开的。他是我生命中遇见的贵人，也是我人生路上的导师之一。

　　古人早就说过："滴水之恩，当涌泉相报！"更何况姑父给予我的是大恩大德！

　　自我成家立业后，我便将"知恩图报"铭记于心，并付诸行动。三十多年来，我年年必去郴州看望我姑父数次：二老的生日，年年必去，有时因工作不能准时前去祝贺，我也会提前去；二老生病住院或摔跤受伤了，只要我知道，我定会马上赶去看望；逢年过节，尤其是辞年拜年，那是必不可少的；暑假寒假，我至少会各去一次。三十多年来，年年岁岁如此，我绝不会忘记，也不能忘记！

　　二老待我很好，将我视同亲闺女。记得 2012 年我母亲去世后，我悲伤难过得不能自拔。有一天去看望姑姑和姑父，二老对我是嘘寒问暖，姑姑还特意炖了一锅枸杞党参土鸡汤，说是给我补补身子。当时我双手捧着鸡汤，热泪盈眶。

　　……

　　姑父十多年前因脑梗而变得有些行动不便，但十多年来一直大脑清醒，说话流畅。每次我们去看望他，他都特别高兴。每次聊天，他都会问及我们的工作、身体、孩子等情况。当他得知我们工作上取得了一定成绩时，他会鼓励我们再接再厉，继续努力；当他得知我们和孩子都获得了什么荣誉时，他会笑得很开心；当他看见我们因工作受累稍显憔悴时，他会很心疼地唠叨多次，并嘱咐我们注意身体这革命的本钱。

随着时光的流逝，加上病痛的折磨，姑父越来越衰老了。前两年，他因几次摔伤大脑，导致了瘫痪在床。从此，他的活动受到了限制，他的大脑也受到了影响，他的精神变得有些萎靡不振。这次去看他时，我轻轻地走到他的床前，一如既往地微笑着叫唤他几声"姑爷"（我们的方言），没想到他竟然不太认识我了！他知道我是哪里人，却不知道我叫什么名字了。顿时我这心里涌出了一股说不出的难受滋味。都怪我时隔太久没来看他！但掐指一算，也就两个多月啊，姑父怎么就认不出我了呢？也许是他夫人因病住院多日不在家，致使姑父因担心而变得有点糊涂了。不出所料，我在他床边站了十来分钟，他便反复问了我几次同样的问题——"你姑姑呢？她怎么样了？"原来姑父是随时在惦记和担心老伴，由此可见二老的感情之深！我想，这也是值得我们晚辈学习的地方。

……

看望了姑父之后，我们又前往郴州市第三人民医院看望了姑姑。

姑姑因打新冠疫苗而引发了高烧，且头晕目眩，于是住进了医院。四五天了，她仍然高烧不止，茶饭不思，还呕吐反胃。站在病床前，看着她皱纹满面、憔悴不堪、精力不济的样子，我心里真不好受！

姑姑尽管身体难受，可她却依然想着我们的后代子孙，当我把孙宝宝的照片和视频给她看时，她满是皱纹的脸上立即笑成了一朵花。

姑姑和姑父都已进入耄耋之年，身体状况都不是很好，生活质量也因身体原因而受到了严重的影响，饮食起居靠几个儿女和一个保姆关心照顾。我每年虽然要去看望二老几次，但几次的时间加起来也非常有限，甚至可说少得可怜。

如今我在省城照顾孙宝宝，回郴州看望二老的时间也就更少了。此时此刻，我能做的，只是遥祝姑姑和姑父福寿安康！

昨日在微信里向姑姑的女儿打听二老的近况，得知姑姑已经出院好几天了，姑父也还好，甚喜！

愿时光不老，好人有好报！

还有许多梦想

很喜欢曹操的诗句"老骥伏枥，志在千里"，也喜欢谚语"人老心不老"的说法。

如果可以，退休之后，我想去看看祖国游人如织的名山大川，抑或是车水马龙的现代都市，由爱人陪伴，吃穿住行都不用我管，更不用担心迷失方向。如果可以，我愿意带着年迈的父母——我的公公婆婆和我那饱经磨难的兄长一起去旅行，由他们选择想去的地方，让他们也开开眼界，见见世面。

如果可以，退休之后，我想回娘家住上一段时光：先把父母的坟墓修一修，开辟两条通向墓地的小径，斩除墓地周围的杂草，砌上素雅美丽的坟圈，竖上比较高大的石碑，刻上二老子孙后代的姓名，让父母含笑九泉。还想在老兄新居旁的空地上，种上一片牡丹和玫瑰，让自己成为花中仙。再邀三五好友，或坐我闺房话心语，或去田间地头寻野菜，或沿山间小路扯竹笋，找回那逝去许久的童年。

如果可以，退休之后，我还想闭门造"书"，静下心来，好好梳理自己的过去，让故事和着泪水抑或带着欢笑一并写进我的书里，把沉重的过往藏进字里行间，给心灵减负。

如果可以，退休之后，我想重拾爱好，痛痛快快地打打乒乓球，再放开歌喉唱唱久违了的我喜爱的歌。

如果可以，退休之后，我还想追赶潮流学化妆，一改素面朝天的老习惯，买些向来不忍心买的化妆品，让自己奢侈奢侈，把自己打扮得美美的，最好美成"冻龄女神"；也想天天做美食，给家人和朋友品尝，让生活多滋多味、闪光闪亮。

……

许许多多的想法在心头涌动，许许多多的梦想在脑际停留，如果可以，我想早日把它们一一变成现实，趁我还自以为"年轻"！

"退休之后"？其实我已然退休。时间都去哪儿啦？春风知道，夏雨知道，秋露知道，冬雪知道。

前半生，我的精力和时间几乎都献给了心爱的教育事业；后半生，我想把精力和时间留给家人和自己。

愿我心想事成，祝我美梦成真！

第二部分
日记类

为"伊"消得人憔悴

1991 年 5 月 17 日，星期五，晴天

气温回升，学校很多女老师女学生开始穿裙子了，可我却不行，怕冷，早晚还穿西服。

午饭后，我在镜前审视了一下自己：整个人太瘦太瘦，差不多"骨瘦如柴"；自己的腰身，太细太细，可惜不是生在楚王时代。唉，瞧自己这副模样，真有点对不起咱欧阳。

今晚年级又开会，先是集中开了半小时，后又分组布置工作，确定上公开课的人员和时间。我们文科组共七人，我是组长。按学校要求，本月 20～24 日必须每人上一节公开课，要打分、评课和选优，规定每组选两人参加学校的"最佳课"评选，全校只评两节最佳课。

去年我被评为"教学能手"了，也是"最佳课"获得者。今年，我能再次夺魁吗？但愿我能如愿。

周末小聚

1991 年 5 月 25 日，星期六，雨天

周末休息，我上午带孩子来到了桂阳。欧阳以为我们不会来，还准备下午演讲完毕再去我校团聚。

今下午桂阳县举办"在城中小学青年教师'教书育人'演讲比赛"，我带孩子去当听众了，因为孩子他爸是桂阳一中的参赛代表。

参赛选手共 13 人，其中小学部 7 人，中学部 6 人。中学部是桂阳三中的语文老师彭老师荣获一等奖，我孩子他爸荣获了第二名（二等奖第一名）。咱家欧阳演讲的标题是"我富有，我是人民教师！"作为一名高中地理老师，能获得县级演讲比赛第二名也算相当不错了。奖品是荣誉证书一本和红包一个（15 元奖金）。

为了表示对欧阳获奖的祝贺，我给他买了一件 10 元的短袖衫，那是他看中的一件衣。

周末小聚，充实而愉快。

心愿

2019 年 2 月 10 日

今天是高三开学的日子，我又情不自禁地想起了我在三中的关门弟子——1609 班的那群孩子。

高三的孩子是辛苦的，有看不完的书，做不完的题，记不完

的知识，考不完的试。每个孩子的课桌内是满满的书籍课本，课桌上是堆积如山的资料试卷。老师们走进教室，一眼望去，往往是只见书本不见人——孩子们都埋头于书堆中苦读。

只有几个月就高考了，衷心地祝福我 1609 班的孩子们高考大捷，美梦成真，前程似锦！

孩子们，加油！老师不能亲自送你们去考场了，我会在心底默默地祝福你们，等着你们的好消息。你们个个金榜题名，就是我今年最大的心愿！

好态度 + 好习惯 = 成功

2019 年 2 月 18 日

做任何事，都需要好的态度和好的习惯。态度好，做事身心愉快；习惯好，做事事半功倍。

比如，招待一桌客人，炒十几道菜，从列清单计划到采购准备到下锅掌勺再到端上餐桌，只要态度好，习惯好，做起来并非难事，绝对是有条不紊，忙而不乱。态度不端正，或者有依赖心理，那可能连菜也洗不干净，干起活来还可能叫苦连天。没有良好的习惯，做起事来往往手忙脚乱，丢三落四。

咱们家习惯于在家招待亲朋好友，因为自己采购的食材新鲜又实惠，而且品质好，自己洗的蔬菜干净又卫生，自家的食用油也吃着更放心。

自我回顾：我做很多事都有良好的态度和良好的习惯，无论工作还是生活。

……

神速

2019 年 6 月 14 日

曾听同事说，他考驾照花了两年时间，补考几次，耗费上万元；也曾听朋友说，她考了科目一就没信心了，拖了一两年，最后是家人无数次鼓励，才坚持考完的；更有甚者，自己说是到某地花一万多买的驾照，结果开车频频出事。

我家欧阳不错，从报名到拿驾照只花了三个月，严格说还不足三个月，真可谓神速！他练车所下的苦功，我最清楚。佩服！

其实，我早就看好他，总觉得欧阳不考驾照是浪费人才，真的！我看人可是看得很准的。

想当年，他骑自行车的水平可高呐，往往是前面坐着宝贝儿子，后面坐着我，外加一袋米或别的什么，稳稳当当！我经常坐在他自行车后赏风景。有时我跟他一起回首往事，他还笑话我说外行话。管他外行内行呐！

我也想考驾照，可欧阳说"别去遭那份罪"，我听着竟然从内心涌出小小的感动。

……

女人这辈子一定要看准人，嫁对人，千万不可只看重钱。

错过

2019 年 9 月 9 日

如今回娘家特方便，到我家楼下去坐 102 公交车就可直达，一般都有座位，半小时左右就可到我娘家门口，跟专车一样。

习惯于在车上很惬意地闭目养神，养着养着竟然进入了梦乡，猛然醒来没想到已是他乡。还好，司机说没走远，再花 2 元往回坐几分钟就是我的娘家。

……

下午，在儿时就读的小学门口等车返回桂阳，看着已废弃多年的母校，竟有些淡淡的伤感，往事如昨。唉，一走神，我便错过了一趟 102 车，后悔都来不及。其实呢，也怪司机，他不在站台停车，而是飞速前行 200 米之后有乘客下车才停，而我却按规矩傻傻地在站台等着。

今天坐车错过了两次：一是因贪睡而坐过了头，二是因走神而忘记招手拦车了。

坐车坐过了头或是错过了一趟车，往往有补救办法，若是年轻时错过了追求知识与爱情的机会，那可是遗憾终身的事情。

好在我青春无悔——追求知识的同时，也收获了爱情。

时间都去哪儿了?

2019 年 12 月 28 日

不知不觉,我已退休一年多。这一年来我都干了些啥呢? 我的时间都去哪儿了?

喜剧演员陈佩斯说,陪伴是最好的孝敬。我说,孝敬从陪伴开始。

几十年来没有多陪陪自己的母亲,已成人生一大遗憾。如今公公婆婆在上,我得做个好儿媳。

陪吃:逢年过节,在自己家或买菜去父母家亲自下厨,陪二老过春节,过母亲节、父亲节,过端午节、中秋节、国庆节、重阳节等,十道菜的席面是常规。公公婆婆年纪大了,上我们家六楼有些发愁,有时我们就请二老(当然还有妹妹一家)到街上某某酒家或饭店去吃,让二老尝尝大厨师的手艺。多年来有个不成文的规矩:我们尽量做到每周至少请父母大人吃餐饭。

陪玩:公公婆婆喜欢走亲访友,我们就尽量抽时间陪他们去,去衡阳看他们的小儿子,去郴州看他们的老同事,去莲塘、欧阳海、华塘等地走访亲友。还有,去太和镇看父亲曾工作过的地方,去地处飞仙的桂阳四中看他们大儿子曾经工作的地方,去古楼七里坪看他们小儿子曾经工作的地方,去解放村、三合村、小埠村、桂阳文化园、郴州北湖公园、郴州植物园、飞天山等地赏风景,去省城看他们的孙子孙媳……

陪就医:婆婆牙齿不好,我们多次陪她去长沙看牙,趁机看看她那在口腔医院工作的孙子孙媳,尝尝会做美食的我儿子儿媳的手艺，好好享享天伦之乐。

如今党的政策好，退休老人经常有免费体检的机会。曾陪婆婆去县中医院体检，同时自己也参加退休教师体检。因人太多，得排队，不经意间发现自己竟然是队伍中的"年轻人"！也是啊，我才退休一年多，我不年轻谁年轻？

其实，一年来陪父母的时间是有限的，绝大部分时间还是属于自己的。

很开心，今年5月，我与先生来了一次说走就走的旅行——港澳游，途经深圳、香港、澳门、珠海和广州，饱了眼福口福，也开阔了眼界心界。在香港，我们受到了表姐和表姐夫的热情款待。还值得一提的是：在深圳工作的我的女弟子利红得知我们将路过深圳的消息，马上提前为我们网上预订了入住的大酒店，尽管当时她在外出差；待我们返回路过深圳时，利红出差刚回深圳，来不及歇息一下，又特意陪我们欣赏了深圳的灯光秀。途经广州时，先生的几个弟子也十分热情地招待了我们。"桃李满天下"的感觉真美！

另外，跟他的结拜兄弟老二去了趟广东顺德，拜访了红燕老朋友老同事，欣赏到了木棉花开的美景，完成了自己的夙愿，还巧遇了大学谢同学和老同事彭某。老朋老友的热情款待，让我们难以忘怀。

还与老朋友张老师夫妇一同去了韶山，参观了伟人刘少奇、毛泽东的故居，瞻仰了两位伟人的铜像，聆听了导游对伟人事迹的详细描述，仔细阅读了伟人纪念馆里的介绍文字，领略了伟人的风采，带回了满满的正能量。

退休一年多，我更多的时间是用来陪伴两个可爱的宝贝——我的双胞胎侄孙女大毛和小毛。先是给她们喂牛奶喂开水，后又给她们煮稀饭煮面条；先是教她们学说"爸爸""妈妈"，后又教她们说"恭喜""谢谢"；先是教她们读古诗唱儿歌，后又教她们自己喝水吃饭、剥鸡蛋、盖盖子、收拾玩具等。一天天看着她们由体重3斤多长到了20多斤，有了白白嫩嫩的脸蛋和胖乎乎的小手小脚；听着她们先是因饿了尿了而哇哇大哭，到现在是因见姑婆我要回家而依依不舍地哇哇大哭；想着她们先是坐在床上或童车上听我背古诗唱儿歌，现在是站在地上或床上跟随音乐手舞足蹈；这一切都是我快乐的源泉！当孩子们向我伸出她们的小手眼巴巴盼着我"抱抱"的时候，当我轮流抱着她们而她们粉嫩嫩的小脸蛋贴着我的脸或肩的时候，我的心都被软化了，陶醉在天伦之乐中。

有趣的是，去年下半年，我和我没有读过书的嫂子成了"同事"，一起照顾哥嫂的双胞胎孙女。

今年下半年，我花了四个多月时间，忙装修房子，将我们的旧房翻新。公公婆婆年纪大了，我们想住在他们身边，以方便照顾。

……

这短短一年，我似乎没有虚度。

顺便再透露一个小秘密：我一年之中还赚了——长了两斤肉，可谓心宽体胖。

家庭教育要从娃娃抓起

2020年4月29日

我的侄孙女大毛和小毛还不足两岁，挺可爱的。

她们才牙牙学语，却能听懂大人许多言语，还非常聪明能干：会自己喝水、吃饭、吃面条、吃水果等，会自己开关电视和电子琴，会自己收拾玩具，还会学着大人的样子穿鞋袜、抹桌子、拖地板等。

两个宝贝挺懂感情的：每周星期一清早见到我，她们都会兴高采烈地跑向我，大声叫我"姑婆"；每周星期五傍晚见我拿包包要走，她们会立即一个拖住我包包的带子，一个抱住我的双腿，或者都举着小手要我"抱抱"，同时还咧开小嘴大哭不止，企图阻止我回家，她俩那伤心又无奈的哭声会让我心碎；她们还会把自己爱吃的苹果片、小饼干等放到我的嘴边，开心地与我分享；玩累了的时候，大宝宝会枕着我的右手臂听着我唱的催眠曲甜甜地睡着，小宝宝则在枕着我的左手臂的同时还将她的一只小手伸进我右手的衣袖里，听着我背的《静夜思》而香香地睡着……

我照顾、陪伴孩子们好些时日，累并快乐着！还从陪伴中悟出一个道理：家庭教育最好从娃娃抓起。好的习惯必须从小养成，这对孩子们的健康成长有着举足轻重的作用。

亲情教育、礼仪教育、感恩教育、是非教育、音乐教育、家务劳动教育、游戏规则教育、体育卫生教育等都应该从娃娃抓起，让娃娃从小接受良好的思想熏陶和行为习惯培养，这可以让他们受用一辈子。

好孩子是夸出来的，更是教育出来的！家庭教育不是纸上谈兵，而是用爱心用真情用技巧去呵护去鼓励去引导孩子，在实践中去观察去琢磨去总结去提升。爱孩子是有讲究的，溺爱绝不是真正的爱。我始终认为：小家务是大财富，好习惯能值千金，好品行可抵万金。

很欣赏有位名人说过的一句话："任何事业的成功都弥补不了教育孩子的失败。"换句话说，教育孩子是咱们一辈子最重要的事业。

愿天下父母都成为"优秀家长"！

愿天下孩子都能健康成长！

童言拾趣

2021 年 7 月 6 日

我那一对宝贝侄孙女，才满了三周岁，可说话却挺逗人的，有时像小大人似的。

一天，姐姐正坐在客厅的沙发上吃饭，可能是吃菜吃多了一点，便说："我要喝水。"妹妹立即从餐桌上端来姐姐的水杯，递给姐姐。姐姐马上说："谢谢妹妹！"妹妹紧接着说："不用谢，这是我应该做的！"听听，姐妹俩多有礼貌啊！

又一天，姐姐的脚被蚊子咬了一口，被咬处立即红肿起来，姐姐马上说："姑婆，我要擦药！"于是我拿来外用药给孩子擦。这时，妹妹走过来安慰她姐姐说："小宝贝，没关系！"还配上了得体的手势，很是感人。

还有一天，孩子们的爷爷奶奶送来了自己种的蔬菜。我煮了长豆角。吃饭时，我说："这豆角是爷爷奶奶种的。"妹妹马上说："好吃！我多吃一点！"好懂事哦！

有一次刚吃完西瓜，妹妹就对她妈妈说："我好无聊！"听了"无聊"一词，我惊讶不已。后来得知，妹妹是想看"宝宝巴士"了，我恍然大悟。

又一天中午，两个宝宝都不想睡午觉，一起在玩玩具。玩着玩着，姐妹俩异口同声地说："欢迎欢迎姑爷爷，欢迎欢迎姑爷爷！"她们反复说了好几遍。我闻声过去，问她俩："你们想姑爷爷啦？"两个宝宝都立即点头称是，因为姑爷爷喜欢陪她们一起躲猫猫、玩玩具。看来姐妹俩情商还挺高的！

……

好逗人的儿童语言，好可爱的两个小宝贝！

育儿咏叹调

2022 年 3 月 19 日

每一个孩子的成长都倾注了父母甚至其他长辈无数的心血。养育孩子过程的艰辛是难以言表的，"易养成人"只是美好的祝愿罢了。只有自己做了父母并亲自养育孩子，方知其中的难处。

想当年，我身怀六甲之时，孩子他爸远在百里之外，我们每月聚不了一两次，好在身边有我母亲帮我操持小家。鹏儿是提前半个月出生的，产房就是自己家，产床就是我和欧阳结婚时的那张三弯床。产科医生？助产士？都没有。几位热心的同事帮我从学校附近的农村请了个接生婆。

孩子他爸只请假陪了我和孩子一个星期。之后的几年，白天都是母亲帮我照顾孩子，夜晚则是我自己独自带孩子。那时候还没有隔尿垫、纸尿裤之类婴儿用品卖，我经常为孩子尿床的事而发愁。

……

孩子三岁半的时候，我们才有了一个完整的家——我被调到了桂阳任教，与孩子他爸成了同事。当时物质生活虽有些拮据，但一家老小也其乐融融。

后来，儿子上了幼儿园、小学……

儿子要上初中了。为了让他有一个更好的学习环境，我凭自己的实力调入了桂阳三中任教高中语文，儿子便随我进入了三中的初中部读书，也算是进了全县最好的初中。

儿子很争气，品学兼优，中考成绩是全县第81名，凭自己的实力进入了三中科技班读高中。

为了近距离了解儿子和关心儿子，我放弃了学校领导要我连续教高三的机会，主动要求下到高一任教，于是鹏儿成了我的亲学生。

2005年高考，儿子很争气，以全县第五的高考成绩被武汉大学录取。我成了幸福的母亲，全县的"优秀家长"。

……

看今朝，我儿正为养育他的宝贝闺女而忙忙碌碌，甚至焦虑不安。我作为曾经的"优秀家长"，竟然"英雄无用武之地"！

昨天他们带孩子从省儿童医院看了专家回来后，便开始惶恐不安了。医生说孩子的各种行为能力经检测后还不能很好地达标，需要"尽早干预"。

于是，从今天起，儿子儿媳开始在家里训练孩子的各种能力：训练孩子抬头，训练孩子用一双小手撑"地"（床上）等。孩子本来就是早产儿，提前一个多月抱出来的，被她父母强迫训练时哭得好厉害。我闻声走过去看，说了句"别太着急，要循序渐进"，儿子儿媳听了后，还有点儿不高兴，我只好默默地回到我的房间。

我确实心疼宝贝孙，因为她太小太弱，弱小得连吃奶都要费好大的劲，还经常被奶水呛着，不吃就饿得慌，吃多了又难受得哼哼唧唧，听到点响声就害怕得直哆嗦，好可怜的样子。心想，就不能等她长大一点才训练吗？给她做做"排气操"，多抚触她的小手小脚小肚肚，多跟她说说话，让她听听儿歌等，这些做法我都赞成。但有的训练得慢慢来，不可急于求成啊。俗话说："七坐八爬。"她的纠正月龄才20多天，怎能急不可待地去搞体能训练呢?

唉，也许我的育儿观落后了，但我说的"循序渐进"没有错啊！我不相信我们的长辈和我们这一代人育儿的做法全部是错的，没有丝毫可取之处！传统的东西也有可借鉴之处啊！

……

尽管我和儿子儿媳的出发点、落脚点完全一致，但我也得告诫自己：现在我是在儿子儿媳家，来给他们帮忙的，千万不能越帮越忙，越帮越乱。要管住自己的嘴，不要乱说话。他们的孩子他们做主，也许他们的做法更先进更科学，我不宜过多干涉，尤其要避免隔代教育容易出现的种种弊端。

这样想着，我便释怀了。

忙碌的滋味

2023 年 8 月 15 日

退休几年了，我一直没闲着，只是由高中教育转为了幼儿教育，先是帮侄儿家带我那双胞胎侄孙女，后又帮儿子家带我的小孙女。

带孙的日子里，我似乎每天都很忙，特别是清晨。

手机闹钟设定为 6:30 起床，但我每天都会提前醒来，一般是6:20 起床。

起床后先打开卧室的门窗，通风透气。

洗漱——刷牙、洗脸、梳头和护肤。

将凉开水烧至 45 度保温，孙宝宝醒来时给泡牛奶。

清晨，自己喝几口温开水。

　　根据前一天晚上想好的"三餐计划",从冰箱里拿出食材回温。

　　准备孙宝宝的食物:把"小熊"电炖锅上好水,烧开,之后放入两个小盅,一盅是中晚餐主食——淘洗好的胚芽米、小米和去皮玉米粒之类,另一盅是荤素搭配的菜——黑猪排骨或土鸡腿或牛肉或三文鱼,搭配海带苗、铁棍淮山、胡萝卜或土豆之类,将电炖锅调到"营养粥"模式,两个小时后饭菜均好。

　　准备我和儿子儿媳的早餐:煮饺子(儿子儿媳亲手包的),或者蒸包子(儿子儿媳自己做的),或者蒸糯玉米(儿媳买的),或者煮鸡蛋瘦肉面,或者煎几张饼(用低筋面粉,加鸡蛋、胡萝卜丝或土豆丝或西葫芦丝、香葱,放点盐调匀再煎)。有时也简单,把儿媳做的菠萝面包、椰丝吐司、芝士蛋糕或者肉松蛋糕卷之类从冰箱或烤箱里拿出来,再准备三瓶牛奶或三杯酸奶或三个煮鸡蛋之类即可。有时候,也会弄个红枣银耳雪梨莲子羹、皮蛋瘦肉香菜粥、红豆糯米花生核桃芝麻羹、"美龄养生粥"、三明治和汉堡包之类,后三种美食一般是儿子儿媳他们做。

　　整理自己的房间:叠被子、关窗户等。

　　洗自己的衣服。

　　剥蒜子,洗生姜,洗辣椒,洗香葱大葱芹菜香菜等香料。

　　准备中餐的菜:将解冻的肉类(梅条肉、牛肉,或者鸡肉、鸭肉,或者扣肉、凤爪,或者带鱼、大黄鱼)洗好切好,有的还要腌好或者焯水,再用盘或碗装好,分别配上切好的蒜子、生姜、辣椒,用保鲜膜遮盖严实,放冰箱冷藏。

　　如果是准备猪肚煲鸡,那就要用电紫砂锅,接直饮水,冷水加入土鸡块、猪肚片(事先焯水)和老姜片,放点胡椒粉,先大火再文火炖上三小时左右,吃之前加点盐即可。

　　如果是炖牛腩或炖排骨,往往要准备胡萝卜、土豆、洋葱之类。先要将牛腩或排骨焯水控干，再用油炒香，加上足够的水，放入足够的花椒、八角、桂皮、香叶等，煮至水沸腾，再用小火焖上一小时以上，待汤汁剩下不多的时候，加入胡萝卜、土豆、洋葱之类配菜，煮熟，最后加食盐、生抽、香菜之类，出锅装盘。

……

凡是大菜，我必须提前炖好或焖烂，否则来不及，因为孙宝宝醒来后我的时间就属于她了。

我们一般是 7:10 左右吃早餐。之后我得快速刷锅洗碗，擦桌子，抹灶台。

儿子儿媳早晨 7:20 左右必须出发，开车大约半小时到达单位，8:00 准时打卡上班。

儿子他们出发去上班后，我在为中餐做准备的同时，必须随时关注孙宝宝的动态。

孙宝宝睡醒后一声啼哭，我得马上洗手擦干，跑进主卧。接下来就得给孙宝宝泡牛奶，换尿片，换衣裤，洗脸洗手。再带宝宝到小区里去玩，看花看树看小草，看狗看猫看金鱼，看老奶奶跳广场舞、老爷爷打太极拳、小哥哥骑滑板车、小姐姐跳小绳，再到游乐场跳蹦蹦床、爬楼梯、荡秋千、坐滑滑梯等，遇见小朋友就跟小朋友交换玩具玩玩，或者一起捡树叶、捡棍子、看瓢虫、看蚂蚁等。

待太阳当空、气温升高时，就要宝宝跟小朋友们挥手拜拜。

宝宝一岁半了，起床的时间早迟不定，最早是 6:30 左右，最迟是 9:00。如果起得早，就玩到 9:00 回家，给她吃蒸蛋羹或者蒸包子或者蒸饺子，再吃点水果或酸奶；如果起得迟，就 10:00 或 10:30 再给她吃点辅食。

宝宝吃了东西后，就双手抱住我的双腿，不让我做家务，要我陪她玩：在客厅围栏里堆积木、做拼图、看绘本、唱儿歌、敲小鼓、弹幼儿电子琴等，或者在围栏外教她跳舞、做操、骑摇摇马等。如果不陪着她玩，她会翻箱倒柜，乱扔玩具，甚至把鞋柜下面的拖鞋扔得满地都是，或者把垃圾桶放床上去，叫我哭笑不得！

玩着玩着，有时会闻到一股臭味，知道是她拉臭臭了。于是赶快拿纸尿裤、棉纸巾、屁屁油放床上，接一小盆温水，给她洗屁屁、换纸尿裤。接水之前必须把她放床上，拉上床边围栏，否则她会很快地把水倒在木地板上。洗臭屁屁时，还要防着她用小手去抓屁屁。一般得给她听"火火兔"里的儿歌，或者拿一个她喜欢的玩具，再说几句表扬她的话。

上午 11:00 开始煮饭。

11:30 左右，我得给宝宝煮点切碎的蔬菜，把炖好的肉类也切碎（当然事先得烧开水给专用砧板和刀具消毒），分成中餐晚餐各一份，把晚餐吃的暂时放冰箱冷藏。

12:00 左右给宝宝喂中饭，饭菜的温度必须合适。喂饭的时候要多表扬她"好棒"，不时让她自己用小勺喂一口，这样她会获得一种成就感，很好地配合我，比较快地把饭菜吃完。

之后我得准备我们大人吃的几道菜：汤类加盐即可，炖好的肉类要加辣椒香菜之类煮一会儿，小菜放最后炒。此时最好让宝宝自己在围栏里玩，当然我必须随时走出厨房跟她交流几句，多夸夸她"好乖""好棒"。

饭后儿子他们会跟孩子玩一会儿，然后哄她睡午觉。我得抓紧时间收拾桌子，洗好碗筷。

如果宝宝睡了，我就赶快准备晚餐的菜。如果她不肯睡，我就带她去小区南门口玩，或者到客厅围栏里陪她一起玩，不能让她大哭大叫或大笑，那会影响她爸妈休息。待下午她睡觉觉了，我再准备晚餐。

15:00 左右要给宝宝喝一次牛奶，吃点水果或小饼干。

17:00 左右，开始煮我们大人吃的饭。

17:30 左右给宝宝加热饭菜，并煮点叶子菜。

18:00 左右给宝宝喂晚餐。

之后准备我们大人吃的三四道菜。

18:30～19:00 我们准时吃晚餐。

之后，儿子他们管孩子，我负责做家务。有时儿子会抢着抹灶台、洗碗筷、拖地板，悄悄地把碗筷放进消毒柜消毒。

21:00 之后我自己洗漱，休息。时间早就洗洗自己的衣服。

睡不着就看看手机，玩玩美篇、抖音、电子相册等，或给儿子他爸打个电话，或处理照片，或写点东西。再想想明天一日三餐的事，计划计划。

简单地说，现在我的工作就是带孙，每天负责她的吃喝拉撒玩，兼顾我和儿子儿媳一日三餐的饭菜，顺便洗洗碗筷、拖拖地板之类。

每天重复做着同样的事情，有条不紊地按程序操作，按计划执行，一天又一天就这样很快地溜走了，两年时光就这样忙碌而充实地度过了。

累吗？有点儿！其实退休前三十多年的教育教学工作，我也是累过来的，从未轻松过，因为向来教的是出人才的科技班，"压力山大"，必须埋头苦干。

再说，儿子儿媳也不轻松。每天起早贪黑，工作任务重（特别是寒暑假，还有节假日），中午还要赶回家来陪陪孩子，晚上带孩子睡觉也往往睡不踏实。儿子每周还要值夜班一晚。周末时，他们又得带孩子去亲子游，或者打疫苗、体检之类，还要买菜、洗衣、搞卫生、做美食等。偶尔有空，他们定会带我一起看电影、观大戏、赏风景、逛商场、品美食等。作为母亲，我也心疼儿子儿媳。

……

记得有位专家说过：有事做是一种幸福。我颇有同感。有事可做，才不会无聊。想着自己做的是一件于国于家都很有意义的事情，看着小孙孙一天天长大，听着她奶声奶气叫"奶奶"的童稚音，这何尝不是一种幸福呢？儿孙绕膝，自古以来就被认为是一种天伦之乐，我可是天天乐在其中啊！有时候周末或节假日儿子他爸来看小孙孙，一家人更是其乐融融了。

我说漂亮而高调一点，忙碌的滋味是一种幸福的味道。也许宝宝的爷爷说得更准确更有哲理味："幸福着也辛苦着，辛苦着也幸福着。"

第三部分
书信类

致鹏儿的一封信

鹏儿：

你好！

又到周末了，你都忙些什么呢？

大学与中学不同，自由支配的时间多些了，充分合理地利用起来，也许会有意想不到的收获，如果安排不好，也许一无所获，甚至无聊至极，因为没班主任管着，又没家长在身边。

记得我的学生小袁（现与我同事），在湖南师范大学读书时，总爱给我打电话，说什么读大学好不习惯，好没趣，不知道怎么打发时间，没有高中过得那么充实紧张，等等。为了听他的诉说，也为了给他讲些道理，几次害得我煮糊了饭菜。后来，他慢慢习惯了大学生活，也很快学会了自己管理自己，结果他看了很多有益的书，写了三十多篇文章在校报上发表，还自己制作了很漂亮的网页，其专业成绩也不断提升，与同窗的关系也十分融洽，他的大学生活变得丰富多彩，最终成了一名优秀毕业生。现在，他在咱们三中表现得出类拔萃，才工作两年，就任教科技班了，还在学校办公室兼职。

人的能量是长、高、宽形成的立体量，如果在大学校园里管理好了自己的时间，那你的智商、情商等就能得到全面发展，你的能量也就非同一般。

我相信我的儿子会越来越优秀，因为你一直是一个比较理智比较有内蕴的男孩。古人云，有利家国书常读，无益身心事莫为。面向世界和未来而必须应对挑战的新时代大学生，该想该做的事有很多很多：学文化学专业，学读书学做人，学生活学沟通，学竞争学合作，等等。以上小而言之是生存之必需，大而言之是历史赋予每一代大学生的责任。响鼓无须重锤。

鹏儿，你知道吗？不管是文化程度高的人还是文化程度低的人，只要听说我儿在全国十大名校之一的武汉大学学口腔专业，他们都会向我和你爸投来羡慕的眼光，都说这专业好，而且发展前景越来越好。这不是夸张，也并非虚伪地讨好我们，这是事实。天下有很多人等待优秀医务人员去关怀与帮助。奇迹是有心人创造出来的。当然，要想前程似锦，必须先吃苦，先把专业学好，所开课程都要过关。人说学医很苦，其实任何一门专业的学习都有它枯燥乏味的地方，都需要恒心和毅力，都得吃苦。据说，国外一些成绩最好的最有发展潜力的学生就是考医学院学医，他们觉得医生这一职业最伟大，因为生命是最宝贵的，健康是世人干好一切工作的前提。

鹏儿，任何事物其过程都有自己的规律，学习过程也免不了有它的顺意或艰难、欢娱或苦闷。"梅花香自苦寒来"和"无限风光在险峰"之类的励志语大家都知道不少，一旦自己躬身实践，苦、热、寒、险等便变得具体可感甚至残酷可畏。象牙塔的高贵必须和尘世的真实相结合才更显分量。国家、群众、社会对每一位有志青年都有殷切的期望和强烈的呼唤，"重任在肩"和"任重道远"不只是漂亮辞藻。

武汉大学是我国最美的大学之一，它悠久的历史、良好的文化氛围、浓郁的人文气息和美丽的校园环境等很让人向往！能进这样的学校读书是幸运的。我们要毫不犹豫地坚信：武大是出人才的地方，而且是出高等人才的地方。今后在口腔医学界能与外国专家较量的就是你们这一代人了！不能简单地将口腔医学理解为"拔牙""补牙"之类，尽管我是外行，但我相信它绝对有很多的学问，有很广的研究空间。目前，连好些补牙的填充材料都来自外国，一些"种牙"的办法更是来自外国，这说明我们的口腔医学还亟待进一步发展。难道十几亿中国人就不能研究出一些更先进的东西吗？在我看来，国内有的牙膏就有些糟糕，广告吹得天花乱坠，而作用却小得可怜。要靠牙膏刷白牙齿、除掉牙垢、预防龋齿、坚固牙齿、消除口腔异味等都还成问题。儿子，学一身真本领，很好地医治人们的种种口腔疾病，或研究出对人类口腔最有价值的东西来，不要把尖端科学看得太神秘！

再给你唠唠嗑：你婷婷姐钢琴专业考研复试已顺利通过，3000 多人报考，多次筛选，最后 38 人过关，真是过五关斩六将，百里挑一，实属不易。婷婷为此辛苦多月，憔悴不已，按她娘说的"人都变疯狂了"，她的大学老师也认为"只有婷婷是真正在准备考研"。你伯母既高兴又心疼，再加上怀念故人，每每谈及此事便哽咽难过。我们准备在婷婷回家后好好犒劳她。由此想到你一步到研确实值得高兴，省却不少劳苦。上次你有个叔叔讲到本硕连读实行淘汰制，不知是否符合你们学校今天的实际。当然，学好功课是必须的，不管是否有淘汰之说。

与婷婷相反也有一例。宋爷爷的外孙，最近迷上网吧，五天未上学，气得他父母捆绑了他一顿揍，恨铁不成钢啊！

明天是"大雪"节气，无论哪种历法，都是你的生日，值此重要而特殊的日子来临之际，我代表所有关心你爱你的家人向你表示真挚而热烈的祝贺：祝你生日快乐，天天快乐！祝你学习进步，样样进步！

鹏儿，别忘了买点好吃的，犒劳犒劳自己。

啰嗦地说了这么多大道理，只希望鼓足你学好的勇气。好了，下次再聊。

愿你学业大成！

母字
2006 年 12 月 6 日

致母亲的一封信

亲爱的妈妈：

您好吗？您的宝贝女儿想您啦！

"十年生死两茫茫，不思量，自难忘。"您走了十年了，可您一直活在女儿的心中。

又到清明了，可我今年却不能去看您了，也不能亲手煮一点您爱吃的东西敬献给您了。因为疫情防控的缘故，我们得一切行动听指挥——多宅在家里，不给国家添乱。妈妈，请您原谅女儿的不孝！

妈妈，女儿我知道您心中的夙愿，现在我可以告慰您了——

您的宝贝孙和孙媳已给您添了一对双胞胎曾孙——大毛和小毛，两个宝宝聪明活泼又可爱，在上幼儿园了，今年劳动节就满四岁了，去年底宝贝们都获得了幼儿园"最佳人气宝宝"奖、

"小小艺术家"奖，前不久又双双获得了"自理能力小达人"奖、"活力宝贝"奖，她俩还是班上的"绘画之星""体育之星""健美儿童"和"助人为乐宝贝"。妈，您开心吧？还有，您孙子在全国优秀民办教育集团工作，您孙媳在市里一个颇有名气的建筑装修公司任办公室主任，他俩都热爱工作，也热爱生活。您孙子很会炒菜，您孙媳也很能干，他们已在市里买了新房，买了小车。您孙子孙媳对他们双方的父母都很孝顺，对我们也很好。妈，您高兴吧？

妈，咱们村建了几十栋新房子，就在马路对面那片地里，以前叫"深洞里"。您儿子儿媳也住上新房啦！咱们齐心协力建了一栋三层楼的房子。房子的外部设计是区里统一规划的，内部设计是我们请的两个有高资质的建筑设计师设计的，建筑质量和装修质量都是我层层把关的。妈，现在家里每层楼都有卫生间了，再也不用像以前那样要走十几米路远还要爬个坡去上厕所了，也不用担心下雨天路滑了。还有，每层楼都有自来水啦，不用担水，也不用哥背着水泵自己去井里抽水了。妈，三层楼有好几间睡房呐，您想住哪间房呢？您自己选吧！（泪如雨下）请您原谅女儿以前总是不让您回家，把您"囚禁"在了我的家里，因为我担心您回老家后每天上厕所不方便，大门口有来来往往的车辆也不安全，还有当年农村的卫生条件也很有限。妈，请原谅您的儿女这房子建得太迟太迟！

妈妈，您亲手带大的外孙——鹏鹏也成家立业了。他在武汉大学研究生毕业后考上了湖南省唯一的公办口腔专科医院，工作很认真，获得了很多奖——"优秀共产党员""医德医风先进个人""优秀医师""新技术项目奖""优秀带教老师"等，2021 年又因"工作中做出重大贡献"而被长沙市人力资源和社会保障局"记功"。您的外孙媳妇齐齐也是研究生毕业，入得厨房，更上得厅堂，与您外孙志趣相投，在同一单位工作，也曾获得"年终嘉奖""朗诵比赛一等奖""优秀通讯员""优秀宣讲员"等奖励，在数百同事和众多患者当中口碑很好。鹏鹏小两口志同道合，会工作，也会生活，他俩做的种种美食绝对能让人馋得掉口水。妈，还有一个大好消息：鹏鹏也当爸爸了，齐齐生了一个可爱的宝宝，小名叫红豆，您当老外婆啦！宝宝快满三个月啦，我现在就在您外孙家帮忙带宝宝。鹏鹏的舅舅舅妈（您的儿子儿媳）每年都要把自家的土鸡土鸭和新鲜蔬菜多次捎来长沙给我们吃。鹏鹏忘不了外婆和舅舅舅妈对他的种种好，他和齐齐都懂得感恩，对他们的舅舅舅妈也相当好。鹏鹏他们已在省城自己买了新房子，买了小轿车。妈，您高兴吧？

妈妈，您还记得我们一起住了六七年的那套住房吗？那里留下了我们一家五口的欢声笑语，我和您女婿又搬回去住了，因为您亲家亲家母也住在同一小区，我们照顾父母更方便，而且距离欧阳妹妹家也很近。顺便告诉您，您的亲家亲家母都还好，小欧的妹妹一家也很好，欧阳家所有的亲戚都很好，他们都时常念叨您当年的种种好呐。

妈妈，您女儿已退休了。本来按新的政策女高级教师可以60岁才退休的，但我提前五年退了，先是为了帮忙照看咱们周家的两个后代，后又要帮忙照看咱们欧阳家的后代，所以我退了。妈，女儿我会将您的纯朴善良、勤劳能干、吃苦耐劳等优秀品质传承下去的。工作几十年，我一直是敬业的、优秀的一员，我一直忘不了曾经的您每次见到女儿的奖状（现在叫荣誉证书）时那欣慰的笑容。妈，我现在回归家庭了，不用上班了，我也会像您一样认真做好自己该做的事情，尽自己当尽的责任，要像您一样具有奉献精神——为家里的子孙后代奉献自己的时间、精力和爱心。

妈，您的女婿"小欧"还在上班，还是一如既往地满腔热情地做他的那份革命工作，任劳任怨，孜孜不倦。他永远是"优秀共产党员"，去年又获得了省级奖励——被评为湖南省关心下一代工作"先进个人"。他是一位好老师，也是一位好领导，德才兼备，有口皆碑。如今虽退居二线，却依然在他现有的岗位上发光发热。作为县教育系统关工委的执行主任和老龄委的负责人，他真正做到了"老吾老以及人之老，幼吾幼以及人之幼"。他还有故乡情结，几十年来为家乡办的好事不胜枚举：修公路，建祠堂，开通自来水，重建养正学校，成立欧阳海乡镇教育基金分会，改造家乡空心村，修建篮球场……他因此奔波而受的累吃的苦，只有我最清楚！还有，您知道的，他还是我们塘昌那边天远近闻名的"好女婿"（"好郎崽"）。我哥嫂家的大事小事，几十年来他没少操心，是咱们家的大功臣。妈，"小欧"他确实是一个好人，您拥有这么一个好女婿，是您的福气！

妈，前天您女婿代表我们一家子去祭拜您和我爸了，跟我哥嫂和侄儿他们一家一起去的，您知道了吧？我哥来电话说，他事先把您和我爸坟头的茅草与修竹都铲除了，可见我哥心中也一直惦记着您和我爸。妈，您还记得吗？那是 2008 年 1 月，临近春节，湖南遭遇了一场百年一遇的冰雪灾害。咱们郴州地区天寒地冻，到处断水断电，道路不通。在这种极度恶劣的天气里，我那年近花甲的哥哥竟然担着五六十斤的年货——土鸡、肘子、豆腐、糍粑、花生、小菜等，一步一滑地送到了我家，说是给您和我们过年吃。从他家到我家有五十多里路，我不知道我哥要费多大的劲才走到我家！虽然您由我们赡养，但我哥无时无刻不想着您，他的这份浓浓的孝心天地可以作证！

妈，我想告诉您：咱们家是"湖南省文明家庭"，还获得了全国"书香之家"的荣誉。这种种荣誉的获得跟您向来的言传身教是分不开的。

妈妈，您的所有亲人——我们大家都很好，您不用挂念！您唯一的亲侄儿——我表哥和他的后代们也很好，他的大孙女已读大学，二孙女已读幼师，小孙子也读初中了。表哥还在家乡建了两层楼的新房子，他儿子儿媳也在市里买了新房。妈，您开心吧？

妈妈，我还想告诉您：郴州东塔公园的湘南起义革命烈士纪念碑上刻有我外公谢如松的名字和简介，他是党小组长，国内革命战争时期被国民党杀害于郴县良田镇。表哥家有两块"烈属光荣"的匾，是政府颁发的。妈，您是革命烈士的女儿，您知道吗？

……

妈妈，女儿我今生今世已无法回报您的养育之恩，只求来生来世再做您的女儿去报答您的大恩大德！

妈，女儿在此向您三叩首了，遥祝您和我爸在天堂一切安好！

妈，我知道这是一封寄不出去的信，但我更愿相信我们母女是心心相通的，有心灵感应的。女儿我愿您在天堂笑容满面！妈，您给我托个梦吧，我想在梦中见到您！

……

您的不孝女：辛花
2022 年清明节

致先生的一封信

海波：

你好！

时间过得飞快，咱俩结婚都三十多年了。

　　三十多年没给你写过信了，你还记得结婚前咱们的"两地书"吗？我都完好无损地保存在实木箱子里，那箱子可是我的嫁妆。等你退休没事了，我俩再把那"两地书"翻出来，仔细瞧瞧，好吗？

　　记得我俩的结合是没有"父母之命"和"媒妁之言"的，纯属自由恋爱。是求学路上，我们有缘在郴江河畔相遇、相识与相知，最终走到了一起，组成了幸福的小家庭。

　　我"生小出野里"，家徒四壁，而你却是干部子弟，咱们"门不当户不对"，为此我的心底一直有着一丝自卑。你娶了从小没爹的我，在物质生活上确实受到了牵累。我娘家不仅不能给我多少嫁妆，相反还让你肩负起了赡养母亲和抚养侄儿的重担，一路走来真是辛苦你了！

　　年轻的时候，咱俩聚少离多，熬过了近十年"牛郎织女"的日子。

　　后来，我们一家团聚了，过上了虽平淡却也幸福的小日子。我们一起赡养我的母亲，一起抚养自己的孩子和我老兄的孩子，用我俩那有限的工资供给一家五口的衣食住行，还有两个孩子从幼儿园到大学的教育费用。我和我娘家的人都对你心存感激！

　　很怀念我们一起在一中共事的那几年：志同道合，同舟共济。记得我担任高中部班主任的时候，你可没少帮我，我"优秀班主任"的"军功章"里自有你的一半功劳。

　　后来，你凭自己的实力考入了县委党校，且很快站稳了脚跟。你的党课深受党校学员欢迎，你授课的水平有口皆碑。我为你高兴！

　　……

　　现在我想说的是，自从你进入党校后，你便走上了从政的道路，社会活动也多了起来，在家的时间自然少了些，我俩之间的小矛盾也开始产生了。我脾气不好，有时候难免会为一些鸡毛蒜皮的事而恼火。

最让我恼火的是，我生气了，而你却要么沉默不语，要么一走了之。

难道你就没有更好的办法来平息我心中的怒火吗？

……

可以说，你我都是兢兢业业工作的人，我们都在自己的岗位上发光发热，并取得了一定的成绩，也赢得了领导和同事的好评，获得了不少的荣誉。当然，你在很多方面比我更优秀（炒菜除外），取得的成就更大。不过，我也一直努力要求自己"作为树的形象"和你"站在一起"。

你是一名领导，可我却愿意一直战斗在教育教学一线直至退休，不用享受什么"领导夫人"的优待。我凭着自己的努力也凭着自己的能力长年奋斗在重点学校重点班级的教学岗位上，也取得了不俗的成绩，我没有给你丢脸。

我承认我很要强，甚至有些人说我是"女强人"。我觉得"女强人"是一个大大的褒义词，很中听。试想，如果不要强，我一个小小的师范毕业生能多年站在省示范性高中重点班的讲台上吗？如果不要强，我能"出得厅堂"又"入得厨房"吗？正因为要强，不甘人后，我才能每年如数如质地完成自己的本职工作，业余还在家招待十多桌的亲戚朋友。事业和家庭，我都看重！工作要出色，孩子要优秀，老人要长寿。也许太要强的我多了几分刚性，少了几分温柔，是吧？

有人说，一个女人的魅力在于——藏在骨子里的气质，扬在脸上的自信，融入心底的善良，刻在生命里的坚强。我深以为然，且自认为一样不缺。也许这种"魅力女人"不够时尚，需要品位高的男人去发现，但愿你永远是品位高的男人。

……

话说重阳节那天（2021年10月14日），我们一起来了省城，给儿子儿媳帮忙，因儿媳有孕在身。来之前你似乎有住半个月甚至二十多天的打算，但没来几天就待不住了，悄悄买了高铁票，迫不及待地返回了。其实，10月20日才是我们来省城的第七天。

你虽已退二线几年，但一直没闲着。2019年"不忘初心、牢记使命"主题教育，你被县里抽去任指导组组长；2020年全县"村两委换届"，你又被县里抽去任指导组组长；2021年的"党史学习教育"，你依然被县里抽去任指导组组长；2022年新冠疫情期间，你成了县委重点工作特派组组长，驻村三个月，出色地完成了县委安排的重点工作任务。还有，县关工委办公室主任一职，你一干就是几年，兢兢业业，任劳任怨，也卓有成效；县教育系统关工委执行主任一职，你尽职尽责，尤其是家庭教育这方面的宣传工作，做得有声有色，有口皆碑；朋友开公司，你忙前忙后，没少帮忙……你就是这么一个喜欢"折腾"的人，似乎浑身上下总有使不完的劲！你整个人仿佛就是为"工作"而生的，为"工作"而活的，一天不工作你可能就浑身不舒服，甚至六神无主，对吧？

我一直认为你是一位不可多得的人才，而且德才兼备。作为你的妻子，我佩服你的工作实力和工作劲头，但又心疼你透支的身体。就说你2022年任县委重点工作特派组组长期间，因工作太辛苦太劳累，你腰椎病复发了，医生要你住院治疗，而你却一如既往地坚守乡村，只是利用周末去看医生。我总觉得你像个"拼命三郎"！说句拖后腿的话，真希望你别那么拼了，因为我们快到颐养天年的年龄了。

你知道，我从不奢求大富大贵，只求平平安安度日。我一直觉得官场有点尔虞我诈，灯红酒绿，容易让人迷失自我，甚至丧失本性。所幸你能坚守自我，凭本事和能力获得领导的认可，也获得众人的支持和信任，还获得了世人很高的评价。本来我退休后，你也内退了，我觉得我俩步调一致了，可以更好地享受生活了，甚至可以经常去外面看看精彩的世界，弥补一下多年来因紧张工作而不得轻松的遗憾，也好好享受两人世界的"温馨与浪漫"，趁我们还能吃能做也能走。可是，我俩似乎同床异梦，你依然离不开你的种种工作，依然马不停蹄地做着你认为该做的事情，甚至拿"我还冇退休"来堵我的嘴。众所周知，好些退二线的干部，都已自由自在，都已回归家庭，享受着天伦之乐，而你，应该算个另类。

我的个性很强，有时会责备你，甚至说些不中听的话，可我却一直是支持你的工作的。我不是胡搅蛮缠的女人，也算个知书达理之人，否则咱们家不可能获得"湖南省文明家庭"、全国"书香之家"等荣誉。

当然，那天气急之下，我也说了好些伤你的话："民以食为天，连饭菜都煮不好，只会煮面，只会过简单的生活，简直是工作狂！""世上的大厨师几乎都是男的！""你要是做家务能像做工作那么认真用心的话，不可能做不好！"……我嗓门大，说话似放连珠炮，字字句句掷地有声，不太中听，在此特向你致歉！其实，你退二线后，我一直希望你能过得轻松一点，多关心自己的生活，多重视自己的身体，不要像以前那样忙忙碌碌。托共产党的福，我们拥有一份不算很低的工资，能比较从容地过日子。儿子儿媳很争气，很自立自强，我们没有后顾之忧。年轻的时候我们两地分居多年，年纪大了我真希望你能多陪陪我。

也许夫妻真的是前世的冤家。几十年来，我俩也争吵过多次，但咱们"夫妻不记隔夜仇"。你觉得我个性太强，我觉得你脾气太犟，而且从来不愿"哄老婆"：我向来有着林黛玉式的多愁善感，可我泪湿枕巾时，你却照样鼾声如雷；我气急败坏时，你却沉默不语。其实，我只要有时间，都愿意为你精心准备可口的饭菜，可你给我的回复往往是"午饭后回家""晚饭后回家"。

做了近四十年的夫妻，我为咱们一大家子人（包括你父母和妹妹一家）大约煮了三十年的年夜饭，这是很多同龄人做不到的，你说呢？咱家虽没有非常宽敞的住房和比较昂贵的家当，但几十年如一日，干净整洁，让人羡慕，这恐怕主要是我的功劳，你说呢？

……

你说："每个人有每个人的活法。"我也赞同。但你也不能太自我。为了后代子孙，我们应该有无私奉献的精神，我们应该向孩子们靠拢。我也希望自己活得轻松，活得愉快，活得自由。我还希望身边随时有爱人陪伴！而你呢？为了工作，似乎不太愿意奉献你的时间和精力给家庭，你似乎难以实现角色的转换。

我有点儿失望，也有点儿惆怅，这失望和惆怅最终化为了对你的一丝不满。当然，你完全可以凭你的聪明智慧来消除我的"不满"情绪，我翘首以待。

……

其实，家应该是夫妻相濡以沫、同甘共苦的港湾，它如同两人几十年来用血肉与灵魂培育的一棵大树，熔铸了两人的款款深情。咱们家应该算幸福的港湾，咱俩有许许多多共同的回忆，甚至很多时候咱们能达到"心有灵犀"的境界，对吧？

在我看来，人到了一定年纪，最需要的不是什么轰轰烈烈的爱情，而是一个知冷知热的伴侣，一个能倾诉酸甜苦辣的爱人。婚姻是爱情的升华，而爱情的最高境界应该是升华为亲情。好的伴侣，可以滋养婚姻，而好的婚姻，可以滋养灵魂。我们可以低配自己的生活，但必须高配自己的灵魂，你说呢？

悄悄告诉你，1998 年的北京之行、2009 年的桂林之行、2019 年的港澳之行、2021 年的浙江海宁之行、2022 年的张家界凤凰之行等，我私下认为都是咱们的幸福之旅。有你的呵护与陪伴，那就是我最幸福的时光。

还想提点建议：父母养育你们三兄妹不容易，如今二老已步入耄耋之年，身体不如以前了，记性也越来越差了，你得多点耐心和细心，多关心关心他们。妈妈每天吃的七八种药，一定要记得提前给她按一日三餐配好，一定要多问问她是否按时吃药了。爸爸的脚经常痛，有时行走不太方便，耳朵也不灵，你要爸爸别总是独自上街，需要买什么东西就你去代劳好了。

你朋友面有点宽，少不了有些必要的应酬，一定要记得少喝点酒，多保重自己的身体，你不再是我的"小欧阳"，而是"大欧阳"了。

我不在家的日子，照顾好父母和你自己都拜托你了！

望爱惜自己的身体，多陪陪父母家人！

妻字

2023 年 2 月 26 日

第四部分
讲话稿

让青春无悔

——在桂阳三中 2012 届高三"希望之星"大会上的讲话

各位老师、各位同学：

大家晚上好！今天我讲话的题目是《让青春无悔》。

承蒙领导厚爱，我应邀参加今天这个"希望之星"大会。领导要我给同学们鼓鼓劲，我推辞不了，只好来了。

青春易逝，人生易老。我不再年轻，但我可以理直气壮地说：我青春无悔！

看见青春年少的你们，我就想起了三十多年前的自己，那时我也从农村中学考进了县重点中学——郴县一中，也就是现在的郴州市二中，然后又考上高等学府，才跳出农门的。应该说，你们这一代人比我们幸运多了，幸福多了，因为你们所拥有的学习条件和生活条件比我们那时强多了：你们现在吃的是肯德基、冰激凌，我们读书那时连饭都吃不饱；你们现在穿的是"耐克""波司登""阿迪达斯"等名牌，我们那时有"的确良衣"和"解放鞋"穿就不错了；你们现在几乎是人人有手机，我们那时能有信纸写信就算奢侈了；你们现在上学连城内都可坐公交车、租摩托或的士，有的甚至还有小车接送，我们那时是挑着被盖箱子走几十里路去县城上学。我很羡慕你们，真的。

借用一句广告词："我们都是有故事的人。"今天我就给大家讲讲我的故事：

我是上一个世纪 60 年代出生的人。那是一个缺衣少食的年代，由于一个特殊的运动，我家遭受了特殊的遭遇。那时我只有四五岁。从那以后，我就觉得母亲好苦、好累，因为她既要承受中年失去丈夫的深悲剧痛，又要独自承担抚育一双儿女的重担。我经常见母亲流泪，于是我幼小的心里就萌生了一个朴素的想法（也叫理想吧）——长大后我一定要让母亲过上好日子，不让她受苦受累。带着这一想法我走进了学校，经过十多年寒窗苦读，终于考上了高等学校，拥有了一份稳定的工作，成了母亲的骄傲，也成了母亲老年时的依靠，还成了乡里远近闻名的角色，甚至到今天我仍然是父老乡亲用来教育后代子孙的典型人物。从我参加工作开始，我便一直将母亲带在身边，几十年来让她一直跟我生活在一起。如今母亲九十二岁高龄仍耳聪目明，身体健康。我想，我一路走来，虽有道不尽的辛酸苦楚，却也应了老人们所说的"先苦后甜"了。心里想着母亲，肩上扛着责任，这就是我青春无悔的第一要素。

我还想给大家说说我读书时的一件小事：那是我读郴州师范的时候，学校举行登山比赛，我也参加了。比赛先要环城跑一圈，大约 5000 米，然后才登上"天下十八福地"——苏仙岭。一路上，不时有参赛选手见别人跑在自己前面而灰心丧气，从而退出比赛。我没有退缩，我一直坚持着，眼睛不时地望望前方——山的顶端，我咬紧牙关，心里不断地给自己打气，一遍又一遍地默默唱着"胜利在向我招手，曙光在前头"（《敌营十八年》主题歌），最后我终于超越了许多人，包括平时比我跑得快的人，我夺得了第二名。虽然不是冠军，但我已经尽力了，连我的体育老师都觉得挺不容易了。王安石在《游褒禅山记》一文中说得好——"尽吾志也而不能至者，可以无悔矣"。

这件小事本不值一提，但它却蕴涵了我青春无悔的第二要素——咬定目标不放松，坚持到底定成功；还可以说包含了第三要素——永远保持一颗上进之心。

在我看来，人生应该不断追求、不断进取，只有这样才能活得充实，活出价值，活出生命的质量！什么叫"上进"？一个只配教小学的中等师范毕业生，通过坚持不懈地奋斗，先后获取专科文凭、本科文凭，多年来稳稳当当地站在省示范性高中最重要的教学岗位上；一个中学三级教师，一步一步地晋升为中学二级教师、一级教师，再到高级教师；一个18岁走上讲台的山村女教师，一步一个脚印地朝前走，最终成为县级教育名师、市级高中语文骨干教师；还有，一个不会煮饭炒菜的娇娇女，今天已是婆婆、公公、母亲、丈夫、孩子乃至所有亲朋好友交口称赞的"出得厅堂，入得厨房"的能干女子。这就是我，一位普通的人民教师的追求。这，就叫上进！

我也曾用自己的经历教育过我儿子，如今我儿又成了我的骄傲。高中毕业时的他，以湖南省优秀学生、中共预备党员、全县高考第五名的身份，考上了武汉大学。他勤奋苦读，品学兼优，在大学校园里始终保持一颗上进之心，学习和生活等方面都能让我们放心。

我觉得我几十年来活得无怨无悔，尽管没干出什么惊天动地的大事，但也算桃李满天下了，名牌大学生教出无数，清华北大生也教出两个，而且我获得了事业和家庭的双丰收。

同学们，你们现在正处在最苦最累的学习阶段，也许现在的你成绩不是很优秀，但我相信你通过几个月的勤学苦练能挤进优秀的行列。我记得前几年创造高考神话（一年考 38 个清华北大生）的临川二中，那里高三学生的口号是"辛苦一年，幸福一生"。现在再创高考神话（今年考了 69 个清华北大生）的河北衡水中学，他们的口号是"所有的人都要做最好的自我"，"让优秀成为一种习惯"。从口号可以看出他们的追求，从口号也可知道他们成功的秘诀。

记得 2008 届我有一个学生，其学习成绩在班上有些靠后，他在高三的一次月考失败后发短信问我："老师，我还有希望吗？"我回复他："只要你自己认为自己有希望，那你就一定有希望！记住：事在人为！"结果他考上了湖北工业大学，成了家庭的希望。其实，历年高考，都有不少在最后阶段冲上来的同学。希望在座的每个同学带着自信上路，坚信"一分耕耘，一分收获"。要明白你是为你的前途而学，为你一生的幸福而学，学习可改变你的命运，知识可成就你的未来。

蒲松龄的自勉联说得妙："有志者，事竟成，破釜沉舟，百二秦关终属楚；苦心人，天不负，卧薪尝胆，三千越甲可吞吴！"

今天召开的是希望之星大会，领导和老师对你们寄予了很大的希望。你们是我们三中明年高考的希望，当然也是你们家庭的希望，父母长辈的希望。要想真正成为"希望之星"，我的切身感受是三句话：一是心里想着父母，肩上扛着责任；二是咬定目标不放松，咬紧牙关坚持到最后；三是永远保持一颗上进之心。

历史上的三中，培育了千千万万优秀学子，千千万万的优秀毕业生为六十五岁的母校争得了让人骄傲的荣耀。今天的三中，正培养着你们这些希望无限、潜力无限的学子，相信明天的你们，定会为母校争得新的更大的荣耀！

为了我们伟大祖国的腾飞，为了 2012 年我们三中的丰收，为了咱们父母脸上的微笑，也为了咱们自己美好的前程，我希望同学们"少年壮志不言愁，青春无悔竞风流"，用激情点燃青春，用拼搏铸就辉煌！

最后，预祝同学们来年金榜题名，美梦成真，青春无悔！

谢谢大家！

(2011 年 11 月 16 日)

在高二 1211 班家长会上的发言

家长朋友们：

大家好！

我叫周辛花，是 1211 班的语文老师，教书育人已经 32 年。

高二即将过去，你们的孩子很快就要进入高三。在高二阶段，我认为，我们 1211 班的每一个同学都有进步，只是进步有大有小。绝大部分同学学习很自觉、很勤奋，听课情绪相当好，作业能认真完成，不少同学的语文素养正在不断提高。

下面我想给各位家长汇报一下咱们 1211 班同学的语文学习情况。

语文成绩好而且稳定的同学有……

本期语文学科竞赛获奖情况：

在学校举行的"国学经典"诵读比赛中，周雪婷、刘育芝、陈宇欣、刘菊阳、刘凌志和邓英杰六位同学代表全班参加了比赛，齐诵《滕王阁序》，荣获了二等奖，为班上争得了荣誉。

目前存在的问题：

第一，个别同学学习目的不太明确，态度不够端正，仿佛是为父母读书，为老师读书。极个别同学没有多少学习兴趣和学习劲头，听课不够认真，作业经常迟交。

第二，有的同学欠缺吃苦耐劳的精神，学习缺乏恒心和毅力。

第三，有的同学学习方法不科学，表现为学习无计划、盲目而被动，不善于听课。

第四，有的同学学习粗心大意，读书背书不太用心，考场上默写古代诗文经常出错。

第五，因竞争压力大，有的人自信心不足，心理素质不过硬。

第六，还有的同学有偏科现象，偏爱数理化，对语文学科不愿意花时间和精力去学。

我想跟家长朋友们说几句心里话：

我孩子高中三年都是我教的语文，前年已从武汉大学毕业，完成了硕士学业，顺利参加了工作。今天借这个机会跟各位家长说几句话，供大家参考。

首先，家庭教育非常重要。作为家长，我们要相信学校、依靠教师，但不能依赖学校、依赖教师。家庭是孩子心灵世界永远的港湾，永远的乐土。家长应是孩子终身的百科教师。市教育局周局长经常说："同样的班级，同样的老师，走出校门的学生大不一样。为什么？关键是家庭教育。"

对孩子进行学习辅导是有专业要求的，所以也是有难度的，但是对孩子进行德育教育，培养其方方面面的、贯穿终身的思想品性，是不同层次家长都可以也应该履行的职责，事实上还是一种日积月累、潜移默化的过程，因此，这是其他各方面教育不可替代的。养不教，父之过；教不严，母之惰。作为父母，我们应重视培养孩子正确的价值观和道德观，这样才能让我们的孩子身心健康。

然而，现在家庭教育出现了严重问题。有的家长认为自己只要努力赚钱，满足孩子的一切开支就是"称职"了；有的家长把教育的责任和义务全部转到老师身上，他们的孩子除了在校上课之外，假期还得进各种培训班，个别学科可能还请了家教，这类家长往往觉得自己只要花了钱就算尽到了责任；也有的家长以辅导不了孩子的功课作为放弃家庭教育的借口；还有的家长要求孩子学好，自己却成了坏榜样；有的甚至将孩子行为不端简单归咎于学校教育或社会影响；有些家长对孩子的身体倍加呵护，却忽视了孩子的心理健康。

其次，必须重视孩子的德育教育。道德可以弥补智慧的不足，但智慧永远不能弥补道德的缺陷。我认为现实生活中家庭教育的首要内容和永恒主题就是德育。

行为养成习惯，习惯造就性格，性格决定命运。孩子良好的行为习惯的养成，很大程度上取决于家庭教育。如果一个家庭只关注孩子的身体发育状况，这只能算是最低层次；如果家长能传授孩子知识和技能，那应该算中等层次；而让孩子养成良好的行为习惯和形成正确的人生观则可谓高层次了。

再次，身教重于言教。做父母的动不动开口说谎，孩子迟早会学会骗人；家长热衷于赌博、"买码"，耳濡目染，孩子也将学会好逸恶劳，崇拜金钱；父母喜欢跟不三不四的人往来，那孩子的择友品位肯定也不会高。相反，父母敬业爱岗、勤劳善良、遵守信用等，孩子也会变得热爱学习、富有爱心、诚实守信等。

我不敢说，我的孩子有多么优秀，但我可以自豪地说，他的品行和习惯能让人放心。

总之，父母在关注孩子学习成绩的同时，更要高度重视孩子的德育教育，这样，我们的孩子才能成为德才兼备之人，我们的家庭才会充满希望。

我三十多年来，都像对待自己的孩子一样对待每一届学生。

我认为，做老师的，只有把学生当作自己的孩子一样看待，才会真正尽到教师的责任；做家长的，只有把自己当作孩子的老师看待，才会真正尽到家长的义务。让我们心往一处想，劲往一处使，共同为孩子们的幸福成长扫除障碍，铺平道路，保驾护航，鼓劲加油！

最后，祝各位家长身体健康，家庭幸福！也预祝我们的孩子将来都成为家庭的骄傲，国家的栋梁！

谢谢大家！

（2014 年 4 月 27 日）

女儿也当自强

——在高一女生大会上的讲话

各位女同学：

大家好！

我作为高二年级的一名普通女教师，应邀参加今天这个大会，感到很荣幸。在座的各位女同学，我首先要祝贺你们，祝贺你们考上了湖南省示范性高中——桂阳三中，我们桂阳县最好的高中，也是在郴州市乃至湖南省有一定知名度的学校。

应该说，你们在小学和初中阶段的学习是勤奋刻苦且颇有成效的，否则不可能进入咱们桂阳三中。

现在我想告诉大家的是：你已进入优秀学子云集的学校，你不能坐享其成，你不能停滞不前，你必须继续努力，继续奋斗，否则你就会落后于人。

人说"男儿当自强"，我说女儿也当自强，要巾帼不让须眉。

有首歌唱道，我是女生。男女平等固然正确，但现实生活中，我们不得不承认，女生的自爱自尊自立自强，相对男生，更为紧要与迫切！女儿有窈窕的身材，漂亮的脸蛋，那是上天对你的恩赐，如果再加上满腹的才学，今后拥有一份安身立命的工作，那你将是表里如一的美女，而绝不是受人轻视的"花瓶"。如果上天对你不公，让你身材一般，脸蛋一般，那你就更要用知识来武装自己，用内在的美来弥补外表的不足，使自己成为有学识、有修养、有内涵、有气质的美女。希望大家记住：外表的美是短暂的，内在的美才是永恒的，腹有诗书气自华！

平时，好些同事和朋友都说我是一个比较成功的女人，因为工作上，领导很看重我，很信赖我，多年来总是把我安排在最重要的教育教学岗位上；家庭生活中，我能主动承担赡养老人的义务，让老人健康长寿（我母亲活了96岁），也悉心培养自己的儿子，让儿子健康成才（我儿毕业于武汉大学）。几十年来，尽管我没干出什么惊天动地的大事，但也算桃李满天下，且事业和家庭两全其美。

今天我主要想强调一个意思：女儿也当自强。如何自强？那就是要奋斗，因为奋斗的青春最幸福。

什么是幸福？目前社会上流传着这么一种说法："心中有盼头，手中有事做，身边有朋友，银行有存款，这就是幸福。"这听起来似乎很有道理，但我更欣赏苏霍姆林斯基的名言："只有精神世界极其丰富的人，他们才能成为幸福的人。"作为青春年少的你们，要成为精神世界极其丰富的人，就得不断学习，不断奋斗，而你们目前的主要任务就是"学习"，换句话说就是要为自己未来的幸福而"奋斗"。

奋斗就是勤奋学习，就是能吃苦。

衡水中学曾创造了高考神话，他们成功的经验告诉我们：怕吃苦，苦一辈子；不怕苦，苦一阵子。

目前，社会上甚至校园里依然存在一些歪风邪气。有的不学无术的女孩聚在一起，号称所谓的"姐妹"，以为有了姐妹就有了全世界。她们在一起聊好吃的、聊好穿的、聊化妆品，想的是网上购物、刷微信、刷微博，还有追明星、染指甲、涂口红、穿超短裙等，甚至有人误以为凭着年轻与美貌足以过上上等人的生活，以为这就是女孩该有的青春。她们看不起那些不会化妆、不会打扮、只知道读书的女孩子，甚至讽刺那些女孩子是书呆子，说她们傻。殊不知，两三年之后，那些好学上进的女孩上 211 大学，上 985 大学，甚至上清华北大，而"聪明"的她们却只有羡慕的份。

马云在《不吃苦，你要青春干嘛?》这篇演讲词中说道："当你不去拼一份奖学金，不去过没试过的生活，整天挂着 QQ，刷着微博，逛着淘宝，玩着网游，干着我 80 岁都能做的事，你要青春干嘛?"

青春年少的我们，在最能学习的时候若选择恋爱，在最能吃苦的时候若选择安逸，自恃年少，却韶华倾负，不知青春易逝，到头来后悔的肯定是我们自己。同学们，我们来三中干什么? 我们来这儿就是来刻苦学习的，就是来拼个好前程的，不是来荒废时日挥洒青春的。

尼采说过："每一个不曾起舞的日子都是对生命的辜负。"恰同学少年，风华正茂，我们不能有愧于父母师长，不能有愧于自己，更不能有愧于人生。我们应该有着崇高的理想，踏着荆棘，不觉悲苦，守着清贫，也不觉得悲凉。我们要活出青春最酷的模样!

青春是我们奋斗的资本。趁着年轻，把握好自己的人生航标，用我们的心血和汗水去谱写自己火红的青春，到头来我们定会尝到收获的甜蜜与幸福。

今天我想举一个典型的例子。刘同是一位青年励志作家兼光线影业总裁，是我们郴州老乡。刚上高中时他的学习成绩并不理想，身边好些人冷落他，瞧不起他。他没有灰心丧气，而是发奋苦读，奋起直追，终于考上了中国传媒大学。上了大学后，他迷上了写作，但多家出版社都把他的稿件退了回来。他不气馁，更没放弃，而是坚持写作14年，2012年终于出版作品《谁的青春不迷茫》，该书荣获"中国作家榜年度最佳励志书"，2014年他又出版作品《你的孤独，虽败犹荣》，荣获当当网2014年度好书非虚构类图书第一名。2016年，由他的同名作品改编的电影《谁的青春不迷茫》上映；《向着光亮那方》也正式上市。

"梦想是不需要分享的，只能自己埋头去做。"这是刘同的经典语录之一。刘同的成功靠的是"埋头去做"，他用坚持不懈的奋斗完成了自己人生的大逆袭，成了我们湖南乃至全国的知名人士，成了有为青年的典范。

同学们，若想成为非常之人必须学会吃非常之苦。要知道，青春最好的营养就是拼搏吃苦，青春最好的姿态就是奋斗！

有位作家在给他儿子的信中写道："我要求你读书用功，不是因为我要你跟别人比成就，而是因为，我希望你将来拥有更多选择的权利，选择有意义、有时间的工作，而不是被迫谋生。"是啊，如果你优秀，你便拥有了大把的选择机会，否则你只能被迫谋生。我们没有资格嘲笑任何一位普通劳动者，但是，我们同样坚信，拥有更多更大的选择权是我们可以追求的权利。有位名人也说过："读书虽然不能给我们带来更多的财富，但它可以给我们带来更多机会。"有机会，才会成功，才会有未来，才会收获幸福！

亲爱的同学们，如果老天善待你，给了你优越的生活，请不要收敛了自己的斗志；如果老天对你百般设障，更请不要磨灭了对自己的信心和奋斗的勇气。

请不要在最能吃苦的年龄选择安逸，没有谁的青春是天生必然在红地毯上走过的。既然梦想成为那个别人无法企及的自我，就应该选择一条属于自己的道路，付出别人无法企及的努力。我想，将来的你，一定会感谢现在拼命的自己！

光阴似箭催人老，日月如梭趁年少。莫等闲，白了少年头，空悲切！

同学们，今天召开的是高一年级女生大会，领导和老师对你们寄予了很大的希望。在此，我预祝各位女同学来年金榜题名，今后走向社会创造人生的辉煌，都成为巾帼英雄、女中豪杰！

谢谢大家！

（2017 年 11 月 30 日）

实现梦想，惟有奋斗

——在桂阳展辉学校预科班"百日誓师"大会上的讲话

各位同学：

大家上午好！今天我讲话的题目是《实现梦想，惟有奋斗》，这里借用了我们习近平总书记在 2020 年新年贺词中的半句话，他的原话是"征途漫漫，惟有奋斗"。

人都有梦想，有梦想就是有目标。有了目标，就应努力为之奋斗！

做女儿时，我曾经有一个梦想，那就是成为母亲的骄傲。通过发奋苦读，我终于金榜题名，跳出了农门，成了一名光荣的人民教师，实现了梦想。几十年来，我一直是母亲的骄傲。

做母亲之后，我又有了一个梦想，那就是希望儿子成为我的骄傲，我也如愿以偿了。

儿子高中三年，是我的亲学生，我教了他三年语文，最终他以优异的成绩考上了心仪的名牌大学——武汉大学。在大学两次被评为"优秀共产党员"，还是他们口腔医学院长跑二万五千里的总分第二名。他懂得奋斗的含义，始终保持一颗上进之心，如今在省城工作也能让我们放心：

他多次被评为"优秀共产党员"，"医德医风先进个人"。

他年终考核多次被评为"优秀"，多次获得嘉奖。

除了工作，他还善于做家务，喜欢做美食，家里收拾得干净整洁，井然有序。也因此赢得了志同道合、才貌双全的姑娘的芳心，如今小两口过着和和美美的日子。

去年底，他们小两口均在年终考核中被评为"优秀"，又双双获得"嘉奖"。

为此，我深感欣慰！儿子成了我的骄傲，我家的骄傲！

作为一个女儿的梦想、作为一位母亲的梦想，我都实现了。

但是，作为老师，我还有一个梦想，那就是希望我真正的关门弟子——你们也成为父母的骄傲，祖国的栋梁之材！

同学们，最苦最累的时刻到了，离高考只剩100天了。记得世界大文豪高尔基说过："追求进步，这才是真正的生活目的。"也许有的同学会说："只剩100天了，来不及了。"我想告诉大家：

100天其实很长，长得足够你重塑一个自我，足够你打造一个美好的未来；

100天当然也很短，短得你不能有半点迟疑，不能有一分一秒的虚度与彷徨！

100天是化蝶的过程，须经历破茧时剧烈的阵痛，才能拥有自由的翩翩起舞；

100 天是冶炼的过程，须经历锻造时熊熊的烈火，才能成为擎天的钢铁柱；

100 天是登山的过程，须经历攀登时的重重困境，才能激发"会当凌绝顶，一览众山小"的豪情！

今天作为教师代表，我想说：我们愿意全力以赴与你们并肩作战；我们愿意徜徉因你们的参与而变得生动活泼的课堂；我们愿意接受因为你们的勤奋而变得更加不一样的忙碌；我们愿意奉献因你们的需要而变得更加宝贵的时光；我们愿意重温因你们的奋斗而变得格外深沉的感动；我们愿意记住因你们的存在而变得生机勃勃的每一个黄昏和黎明。请同学们相信，老师和家长都是你们坚强的后盾。

亲爱的同学们，请你们记住——青春因积极拼搏而精彩，人生因无悔追求而灿烂。给生命一个承诺，给承诺一份坚守；让过程更加完美，让结局不留遗憾。实现梦想，惟有奋斗，请坚信"幸福是奋斗出来的"！

预祝同学们金榜题名，美梦成真，前程似锦，人生辉煌！

(2021 年 2 月 27 日)

第五部分
散文、诗歌

为师者的感动

青春易逝，人生易老，18岁走上讲台的我不知不觉已教书育人近四十年。一头青丝早已变成花发，当年的金嗓子也因声带小结而沙哑。再回首时，我问自己："选择教书，后悔吗?""不!"在我人生的字典里，没有"后悔"二字!

悄悄地闭上眼睛，任思绪翻飞，我竟感动并陶醉于往事的回忆之中——

那是1991年的夏天，在农村教书九年的我终于得到了调入桂阳一中的消息，当时我心里就像喝了蜜一样甜。好些同事得知我要调离职中的消息时，纷纷送来了珍贵的礼物——鸡蛋、热水瓶、搪瓷脸盆、语文教学参考资料、励志读本《钢铁是怎样炼成的》等，双手接过同事们的种种赠品，我的心暖暖的。

在离开郴县职业中专学校的那天，我和我的家人从教学楼前的大路经过，正碰上课间休息，几十个学生在三楼的走廊上望见了我，都异口同声地大声喊道："周老师——再见!"他们一个个挥动着小手与我道别。看到这场景，我一时感动得说不出话来。

三十多年过后的今天，学生们那挥动的小手仍不时地在我的眼前晃动，成了定格在我心里的一道风景。而同事们赠送给我的朴实无华却情深义重的礼物，也成了我人生当中美好的回忆之一。

1992年"三八"节，桂阳县举行"我为巾帼添光彩"演讲比赛，我经过初赛后成为全县教育战线的唯一代表参加了决赛，最后夺得了全县第一名。当天，学校出了喜报。第二天我正常去上课，刚走到高139班教室门口，教室里立即爆发出雷鸣般的掌声。那一刻，我简直成了得胜回朝的将军，受到众星捧月般的拥戴。

忘不了那群可爱的学生。他们的掌声至今还不时在我的耳畔回响，多年来激励着我不断努力——力求各方面成为学生们心中的榜样。

1999年，我很荣幸地调入湖南省重点中学（后来更名为"湖南省示范性普通高中"）——桂阳三中任教。我知道，我肩上的担子更重了。

记得那是2005年公布高考成绩的那天，我任教的高三理科156班取得了骄人的成绩，有两位同学考上了清华大学。小县城的学校，一个班出两个清华生，破历史纪录！顿时小城沸腾了。目睹弟子们喜不自禁的神情，听着家长们燃放在校门口的祝贺兼感恩的烟花，再想着自己陪弟子们一起奋战三年的日日夜夜，我心里涌起了一股大功告成的成就感。156班的学生中还有我的儿子，他也考上了全国名牌大学——武汉大学。我成了最光荣的教师和最幸福的母亲！

如今，那批学生又迈上了新的台阶，比如学历提升了、职称晋升了、工作出彩了，作为他们曾经的老师，我感到十分欣慰。

也记得在2006年第22个教师节来临之际，我收到了一份很让我感动的礼物——一本精致的咖啡色笔记本，感动于两个女弟子送给我的"22个祝福"，更感动于她俩那写满几十页纸的情真意切的话语："老师，我有个秘密想告诉您：您教我们学《鸿门宴》的时候，项羽管范增叫'亚父'，后来同学们商量说叫您'亚母'，不知您喜欢吗？""老师，您知道您最让学生喜欢的是哪两点吗？一是对待任何成绩档次的同学都很好，不会对差生有偏见；二是做事非常严谨、认真、负责。""我愿是一朵芬芳的小花，日日开放在您眼前，让您操劳的心时时有馨香萦绕。周老师，真心希望您的嗓子赶快好！节日快乐，日日快乐！""老师，您是我烦恼中的一曲古筝，当我意志消沉时，优雅的旋律使我眼前立即一片青翠；老师，您是我挫折中的阵阵清风，当我瑟瑟发抖时，贴心的呵护和暖心的话语使我安然入梦；老师，您是我疲惫中的一杯龙井，当我软弱无力时，只消几口就使我神清气爽！在这神圣的日子里，谨以最虔诚的祝福，向您致以万分的谢意！教师节快乐，桃李满天下！"……这是 2008 届我的女弟子李莎和张可欣带给我的美好回忆，她俩的留言本至今还珍藏在我的书柜里。

2007 年的夏天，在全县"地税杯"作文竞赛中，我指导的学生拿下了从一等奖到三等奖全部奖项的三分之一。12 位获奖学生用他们的奖金买了一个很大很漂亮的洋娃娃送到我办公室。那一刻，我陶醉了。我忘记了辅导批改作文的辛劳，记住了教书育人的幸福。至今还能记起我抱着洋娃娃经过教室和办公室时，同学们和同事们那惊喜而又羡慕的眼光。

让我感动和陶醉的还有 2009 届文科 247 班的学生。2008 年教师节，我跟平时一样信步走上了讲台，学生们用响亮的声音向我致以节日的问候——"老师，节日快乐！"此时此刻，我已被感动。更令我感到意外的是，课代表双手献给了我一份礼物——一个淡蓝色的神秘的小纸盒。

课后我小心翼翼地拆开了纸盒，展现在我眼前的是全班 53 张折成各种形状的写满了祝福语的五颜六色的小纸片。我迫不及待地拆看了一张又一张的小纸片——

"敬爱的周老师：很幸运能成为您的学生。您很有内涵，很有激情，富有朝气和活力，真的很崇拜您！老师，听您说话我很心疼，心疼您的嗓子，望注意保护好它，别让它太受累噢！教师节快乐！"

"老师：节日快乐！发自内心地喜欢您！在我的心目中，您就是那种'出得厅堂，入得厨房'的女强人。从您的身上，总能看到那种对生活的热情和对工作的严谨、认真态度。愿您身体健康，家庭幸福！"

"亲爱的周老师：从见到您的第一眼起就觉得您好像我的妈妈。您的和蔼可亲、耐心细致、自信坚强等特点，让我好喜欢啊！谢谢您不放弃我，还想方设法鼓励我，让我变得勇敢和振作。感谢有您的日子！愿您越活越年轻！"

……

这哪是纸片，这全是孩子们那颗颗滚烫的心啊！读着学生们饱含真情的话语，我一时感动得热泪盈眶。

一片纸，一颗心，一份情，片片温暖我的心。小纸盒，我会一直珍藏着，直到永远。

……

岁月无语，人间有情。2021 年 11 月 25 ～ 29 日，应 2005 届我班弟子显武之盛情邀请，我和先生有了一次愉快难忘的浙江嘉兴海宁之行。在弟子的精心策划下，我们参观了民国大才子大诗人徐志摩的旧居，闲逛了国内外有名的"中国皮革城"，首次实地欣赏了汹涌澎湃、气势壮观的钱塘江潮，也尽情游览了享有"首批中国历史文化名镇"之美誉的被誉为"中国最后的枕水人家"的著名古镇——乌镇，还欣喜地见到了"淡妆浓抹总相宜"的西湖美景。暖阳当空，微风拂面，弟子导游，爱人陪伴，畅游西湖，可谓天时地利人和。喜见杨柳依依、鸳鸯戏水、水天一色、三潭印月、花港鱼肥，欣闻雷峰塔的传说、楼外楼的繁华、苏堤白堤的来历，缅怀"尽忠报国"的岳飞和"宋朝义士"武松等，眼界大开，收获颇丰，不虚此行！几天行程，爱徒请假全程陪同，他开车兼导游，带我们赏浙江多处知名景点，吃浙江特色美食，住海宁宾馆豪华大床房，吃喝住行都不用我们操心，我们只管优哉游哉。后来我儿高度评价说："师兄显武待我父母之真诚，堪与世间亲生好儿女媲美！"

　　说到儿女，我儿欧阳怿鹏也是让我心生感动和骄傲的亲弟子。2005 年考入武大后，本硕连读，2012 年毕业当即考入省城一所大医院。2021 年 7 月 1 日，我儿荣获"优秀共产党员"光荣称号；8 月 19 日是"中国医师节"，我儿又获得"优秀医师"的光荣称号；随后又"在 2021 年度工作中做出重大贡献"，荣获长沙市人力资源和社会保障局"记功"奖励。2023 年 6 月，我儿再度被评为"优秀共产党员"。与此同时，我那在湖南大学就读硕士研究生的弟子兼干儿子钒治（他高三时称呼我"干妈"）也被评为"湖南省普通高校优秀大学生党员"，并将直升湖南大学读博。他在湖南大学以优异的专业成绩和出色的表现成功斩获了清华大学直博的 offer，但他却毅然选择留在母校湖大读博。他是咱们三中 2016 届高中毕业生，在他读大二时就成了学校"2018 年度励志成长成才优秀学生典型"，想当年他读高中时就是一个阳光上进、勤学好问、理想远大的孩子。儿子、干儿子让我感动和骄傲的不只是他们事业、学业方面的成功和进步，更在于他们随时惦记我、问候我、关心我的点点滴滴。

2024 年 9 月 10 日，第 40 个教师节来临之际，离开三尺讲台几年的我，再一次被弟子们感动得热泪盈眶——感动于来自天南地北的弟子们的问候与祝福，感动于女弟子李莎那快递准时送达的工工整整写了四五页纸的情真意切的感恩书信，更感动于两个得意门生（正在湖南大学读博的干儿子钒治和已在中南大学任副教授的弟子城龙）非休息日远道而来的整日陪伴！当钒治和城龙突然出现在我眼前时，我真的是喜不自禁！钒治笑容满面地说："干妈，节日快乐！哪天来看老师都行，但今天来看望老师更加有意义，所以我就约上城龙师兄一起来了。"城龙则说："多年不见老师，很是想念，今天特意来陪老师过教师节。"我瞬间被感动了，很少发朋友圈的我，忍不住高调地发了一次朋友圈："弟子们的问候与祝福、惦记与感恩，甜蜜了我的心扉，芬芳了我的岁月，幸福了我的人生！"

……

从教几十年，让我心生感动的弟子不胜枚举，请允许我在心底为他们自豪，为他们祝福！

有人说，儿女有出息是母亲的骄傲，弟子有出息是教师的骄傲。我有幸拥有这双重骄傲，双重幸福，不只是感动，简直是陶醉！

我想，以"爱生如子"的心教学生，你会被许多弟子铭记于心；以友好欣赏的眼观世界，你定会被这个世界温柔以待。

（本文原稿 2010 年发表于桂阳县《蓉城》杂志，此为之后的修改稿）

母亲的养生之道

我母亲是 96 岁那年走的，她是我们村第一长寿老人。她一生竟然从没打过针，更别说住院。母亲不仅长寿，而且一生健康。

记得母亲走的前一天，二〇一二年农历正月初四，是她 95 岁寿辰。那天来给母亲祝寿的亲朋好友老老少少多达 39 人，我在家里精心准备了三桌寿宴，也一如既往地到圣安娜蛋糕店给母亲定制了"心"形的生日蛋糕。已入耄耋之年的母亲耳聪目明，笑容可掬，在酒席上的表现非常棒——她不只是多次起身接受各位亲友的祝福，还端着饮料去每桌回敬客人，笑眯眯地祝福大家："天一样高，花一样红，路一样长！"

……

据最新统计，2019 年我国人均寿命是 74.83 岁。由此看来，我母亲堪称全国的长寿老人了！为此，我有一丝欣慰。

母亲跟随我们一起生活了 25 年。作为母亲的宝贝女儿，我好希望母亲能活过 100 岁，可是……痛定思痛，只好将点点滴滴的回忆归结成以下六条，算是女儿我对母亲深深的怀念，也权当母亲的养生之道和长寿秘诀吧！值九九重阳节之际，也聊作献给天下老人的节日礼物。

第一，早睡早起，作息有规律。母亲的晚年生活很有规律，一般是天亮就起床，晚上 9:00 多就睡觉。她起床后，往往要"走几路"，从她的卧室走到客厅，再从客厅走到卧室，进而走到阳台，如此往返数次，算是晨练。之后，她就洗漱。洗漱之后，就整理她的房间，把被子枕头弄好，把床罩罩好，再铺上床沿巾。

天天如此，几十年如一日。母亲也午睡，一般是下午两点左右我们上班了才睡，休息一个多小时就起床。晚饭后她会与我们一起看看电视，说说话，很感兴趣地听我们谈学习、谈工作、谈生活琐事。每到晚上9：00，她就洗漱，然后会挺幽默地笑着跟他女婿说："校长，我向你请假，我要休息了。"

　　第二，吃喝有度，饮食有节制。母亲从不贪吃，就算是她最喜欢吃的食物，她也是适可而止。一日三餐，她一般是吃七分饱。每每我买些时令水果给她尝鲜，她也只是尝尝。碰到她不喜欢吃的东西，她也愿意尝一点。如此有节制地摄入食物，是我们晚辈难以做到的，真值得我们学习！

　　第三，热爱劳动，勤劳一辈子。从我记事起，我就觉得母亲是一个非常勤快的人。我四五岁时就没了父亲，母亲既要下地干活挣工分，又要洗衣煮饭扯猪草，里里外外一把手，十分坚韧顽强地用她柔弱的双肩挑起了家庭的重担，含辛茹苦地养育大了一双儿女。……母亲晚年依然闲不住，除了做好她自己的事——洗好她的衣服，整理她的房间，搞好她房间的卫生，家中"公事"她也主动去做，比如帮我洗菜、洗碗等。另外，她每天还有自己的"工作"，那就是做鞋垫。每每我们不在家，她就会坐在阳台上或客厅里穿针引线做鞋垫，九十多岁也依然如故。母亲一针一线为我们做的鞋垫起码有上百双，到现在还有几十双崭新的。她就是这样一个闲不住的人。如今，睹物思人，岂不痛哉！

　　第四，心地善良，爱心永相伴。母亲一辈子心地善良，富有爱心。她不管住农村，还是住城里，都与邻居和睦相处，热情好客，真诚待人。记得有一天，我们上班去了，她就请收废品的老人喝了茶；有一次她竟然将敲门的陌生人引进我家，给人端上茶，摆上果盘。如此这般，我们担心母亲的安全，母亲却教诲我们道："为人不做亏心事，半夜敲门心不惊。你们不用担心，好人自有好报！"

第五，宽以待人，记好不记丑。母亲前半辈子受过很多磨难，特别是在黑白不分是非颠倒的年代。而实际上我们家根正苗红，我母亲是革命烈士的女儿。尽管当年村里好些人对我们一家不友好，甚至成了杀害我父亲的帮凶，但母亲后来也宽恕了他们，把罪过归咎于那个特殊时代。母亲曾谆谆教导我们："做人要记好不记丑，要多记别人的好处。"

第六，与时俱进，永葆好奇心。母亲八九十岁的时候，依然对新生事物抱有好奇心。比如，我在电脑上做课件，她会站在我旁边目不转睛地看着，还不时发表感慨："电脑真好，电脑真好！"我儿曾经玩手工拼图，母亲则搬张凳子坐在旁边看，等我儿拼成一只栩栩如生的小狗时，母亲惊讶不已，待我下班回家，她硬是兴奋地拉着我的手要我快去看看，还不停地夸奖："拼得好好哦，这崽崽好有耐心，好聪明哦！"也记得我第一次买榴莲，那气味很大，母亲闻着不喜欢，但我说这水果很有营养，吃了对身体好，她便好奇地尝了几口……

作息有规律，生物钟正常运转，不会遭到破坏，自然有利于身体健康；饮食有节制，不暴饮暴食，肠胃自然健康；热爱劳动，肢体健康，享受劳动带来的成果，心情愉悦；心地善良，爱心满满，则睡得安稳踏实，有利于身心健康；宽以待人，只记他人的好处，心胸宽广，心态平和，当然对身体有利；永葆好奇心，大脑肯定健康。

起居有序，饮食有节，劳作有度，学习有恒，心中有爱，宽以待人：这既是母亲的养生之道，也是她健康长寿的秘诀。简而言之，母亲的养生之道，实际上是既养体又养心！

我家先生曾把我母亲在桂阳21年的晚年生活，针对她上述特点，从婆婿情的角度和视野，先后写下了《家有岳母》《"四好"

岳母》《岳母的"缺点"》等文章，并在国家级、省级刊物发表。获得稿费（原来写文章可以得稿费，后来不知怎么回事全变了）后，先生往往要给母亲买些爱吃的食物，并且半开玩笑半认真地说："妈妈，你要健康长寿，我还靠你来多赚钱呐。"

可以毫不夸张地说，从母亲身上，我们一家人学到了很多很多，远不止是养生之道。后来，我们家被评为"湖南省文明家庭"和全国"书香之家"，我总觉得母亲功不可没。

愿母亲含笑九泉！愿众生健康长寿！

（此文获 2020 年桂阳三中重阳节征文评比活动一等奖，并被"华声在线"选用）

父母的那些事

不知不觉间，父母（我的公公婆婆）年龄就大了，父亲已 84 岁，母亲也 80 岁了，二老已迈入耄耋之年。

年纪大了，进医院的次数也就多了起来。二老每年每人进医院两三次很正常。

父亲患有冠心病、糖尿病和前列腺炎，几乎每年都要去医院调养几次。他对医生护士很有依赖性，只要有点头痛脑热之类的小毛病就愿意看医生，而且愿意住院。平时，父亲特别重视养生，一看到电视上、手机上或者报纸上有什么养生的"秘方"，他会马上记在笔记本上，街上碰见老熟人老朋友说到什么"民间养生妙方"，他也会去践行。

母亲则有点讳疾忌医，不到万不得已她是不愿意去医院的。

其实，每次送父亲住院，母亲陪护，有时候好心的医生会给母亲量量血压，接下来医生往往会惊讶地对我们说："你们爸爸没什么关系，你们妈妈倒是该住院。"母亲患有高血压，一直在吃降压药。有一次她觉得自己身体还好，便停药一两天，结果跟老同事上街的时候突然双脚发软，瘫坐在地。这个时候，她才打"老大"（我先生欧阳海波）的电话，要求送她去医院。

还记得 2018 年 5 月 16 日中午，母亲独自去了一趟住在桂阳烟草公司家属区的老妹家（我们的大姑家），返回时走在一中旁边的人行道上，突然摔倒在地，后果相当严重——左肩粉碎性骨折。住进县中医院，立即进了 ICU 病房，手术数小时，输血两次，用人造骨粉一小包。咱家欧阳见母亲伤得那么重，偷偷流了不少眼泪。当时我在三中教高二的科技班，每周只有周六休息半天。母亲住院一个多月，我和妹妹晚上轮流陪护母亲。陪夜时，我不能睡得太沉，担心母亲要上厕所；清早起来后，要给母亲洗脸梳头买早餐等，之后再跑去学校上早读课（三中语文老师有早读课和晚读课）。在那段日子里，最辛苦的应该是妹妹莉芳，因为她晚上陪护母亲最多。当然，联系医生、办住院出院手续、陪母亲做各种检查、向医生和护士打听病情等，就得我家欧阳费心了。吃饭方面则多半有劳妹夫道平。我外甥楷楷也很不错，只要有空就去医院陪他外婆。老二海涛也带着女儿琨琨从衡阳赶回了桂阳。我们的儿子儿媳也从长沙赶回桂阳看望了奶奶。还有爸爸，他几乎是天天早出晚归，早早地就去医院陪老伴，晚上才回家休息。

一个多月后，母亲恢复得还可以，于是出院回家调养。俗话说："伤筋动骨一百天。"一百多天后，母亲才能慢慢抬举左手。

……

几个月之后，父亲也因摔伤而住院了。那是国庆期间，父亲执意要回老家一趟，而且要在乡下住一宿。本来是我家欧阳陪父母、叔母一起去的，但他因工作上有事当天就回了桂阳。据叔母说，第二天天刚蒙蒙亮，父母就早早起来要去赶公交车了，打着手电筒出门，走在凹凸不平的石板路上，父亲突然脚一歪，身体便往一边倾斜，歪倒在路边的一块大石头上。回家后，父亲感觉腰部疼痛。去医院照片子，结论是肋骨开裂。年纪大了，不宜做手术，只好吃药打针，采取保守疗法。

2018 年，母亲和父亲都因摔跤而受苦受难了。

……

2021 年 3 月 20 日下午，母亲突然感觉到头晕头痛。妹夫道平及时把母亲送进了县中医院。不久，欧阳电话通知了我。当时我在展辉学校任教预科班（高四），得知消息后便开了一张"外出单"，马上赶往医院。妹妹也及时赶到了医院。妹妹负责去办住院手续，我负责陪母亲去照 B 超、做 CT 扫描。

不久，医院科室主任电话通知欧阳，说我们母亲脑血管堵得厉害，必须立即转院去郴州！欧阳那天本来有公务在身，接到电话后，饭都没吃，马上开车赶往县中医院，又联系了在郴州市第一人民医院工作的一个学生。来不及多想，来不及吃饭，我们马上和妹妹、妹夫一同送母亲去郴州。

到了市第一人民医院，先进抢救室，再进脑科住院部。

母亲是有福之人，运气很好。脑科住院部的护士刚安排好床位，值班医生就来询问病情了。我一听医生的说话声，立即叫出了他的名字——张翀，2008 年毕业于桂阳三中理科第一科技班的学生，张医生也马上认出了我这个老师。有了亲学生做母亲的主管医生，我们是喜上眉梢。张医生是中南大学的高才生，又是湘雅医院研究生毕业，已有近十年的工作经验。在张医生的关照下，母亲当晚就做了好几项检查——B 超、CT 等。

张医生告诉我们，母亲患有脑梗，脑部血管确实堵得很厉害，有不少白斑块。他还让我们看了母亲脑部血管流动的动态图，说是好在我们送来及时，又好在堵的地方不影响母亲的手脚活动（即不会瘫痪），只是会影响母亲的记忆力。老人家八十岁了，不宜做大手术，只能做个小手术——造影。之后，张医生那"奶奶好""奶奶别怕""奶奶痛不痛"之类的温馨话语给了母亲极大的心理安慰，甚至让母亲感受到了一种来自孙辈的亲切关爱。

造影手术很成功，只是张医生汗湿衣背了。

在郴州住院十来天，咱家欧阳全程陪护母亲。当时为了防疫抗疫，医院只允许留一位亲属陪护患者，而且凡是陪护人员，必须出示健康码、行程码，必须做核酸检测。那十来天，欧阳既要陪母亲做种种检查，又要负责母亲的吃喝拉撒，还要陪母亲聊天、散步，给母亲洗衣服，等等。母亲因脑梗而显得有些笨头笨脑，经常走错病房或找错病床。每天吃几次药，每次吃几粒药，她都搞不清，也记不住。作为陪护人员，欧阳每晚只能租折叠床睡在住院部的过道上，而且随时要注意母亲的行动。

老二海涛得知母亲生病的消息，也从衡阳赶回了郴州。他在郴州停留了两晚，陪母亲吃了两餐饭，但晚上母亲却不要老二陪护，她更依赖老大海波，总说老大有细心，有耐心，又内行，跟医生护士关系也很融洽。我和妹妹都要上班，只能周末去看看母亲，妹妹比我去的次数更多。

后来海波告诉我，在郴州的十来天里，他根本睡不踏实，随时担心母亲半夜上厕所走路摔跤。还有一日三餐吃饭的事，为了让母亲吃上她喜欢的饭菜，他带母亲吃遍了医院周边的大大小小的饭店，餐餐由母亲点菜，尽量让母亲多吃点。那些日子，海波真是辛苦啦！

3月31日，母亲从郴州市第一人民医院转回了县中医院疗养。海波让张医生给县中医院的科室主任通了电话，进行了沟通与交接，有点像治疗方案交接班似的。

在县中医院疗养了 20 天，母亲于 4 月 20 日出院回家。

这次生病，母亲住院住了整整一个月，真是受苦了！回家后，她似乎变得很娇气，很不自信，连步行去她女儿家都担心自己走不动，其实从父母住处到我们妹妹家才一里路的样子。我们不断地鼓励她，并多次陪她一起走，慢慢地母亲才变得自信起来。如今，她经常独自去女儿家喝茶、聊天了。

张医生说得没错，母亲的记性确实变差了。现在母亲连吃药都记不住了。有一天，她突然说便秘难受，我们要她多喝开水，或是喝蜂蜜水，但都没用。我给她买了香蕉吃，也没用。后来想到我们家有通便的"随便果"，于是都给了母亲。我们反复交代，每天早饭后或者晚睡前吃一粒，可母亲经常乱吃。她早饭后吃了一粒，晚上又打电话问我还要不要吃。

8 月 25 日，母亲因多吃了降压药而变得很不舒服，又住进了中医院。她一直在吃降压药，还有治心脏病方面的药，按理来说应该记得住，可是她却记错了，吃多了！直到 8 月 29 日母亲才获准出院。

出院后，我们和妹妹都反复跟她强调，药不能乱吃，否则很危险。为了避免危险，海波每天三次去父母家，专门为母亲吃药的事而去，每次把药找好（有八九种药），放到母亲手上，看着母亲吃了才放心。后来，细心的妹妹买来一个分药盒，把母亲一日三次要吃的药分好，分装在不同的小格子里，每个盖子上分别写好"早""中""晚"三个大字，依次排列，再反复强调别吃错了。妹妹担心母亲眼睛看不清，还特意给母亲配了一副新的老花镜。可是，母亲又吃错药啦！

9 月 3 日早饭后，母亲一次吃了两次的药，把"早"和"中"的药全吃了。接下来，她的胃变得很不舒服，脸色也难看。海波得知后，给她吃了"胃苏冲剂"，才慢慢好转。事后问她为什么要一次吃两次的药，她说中午要去朋友家吃饭，一次就把早晨和中午的药都吃了，免得麻烦。我的妈呀，你怎么能这样呢？海波和妹妹又反复教育她，不能乱吃药，不能多吃药，她嘴上答应，行动上却乱来。

9月4日，海波告诉我，母亲再一次乱吃药，而且是空腹吃了两餐的药！我的天啊，母亲的记性真是差了，似乎有点老糊涂了。

海波和妹妹很生气，我听后也很生气。自从3月份她生病住院后，出了院，在家什么家务都是咱们父亲干，母亲只管自己吃饭、聊天、看电视，怎么就记不住每天该吃几次药呢？还说为了省事，一次就把两次的药都吃了，怎么就这么糊涂呢？

父亲9月3日晚上出虚汗，湿透了衣服，4日早晨要海波送他去医院。海波说，母亲总不听话，也让医生去管管。于是，二老都住进了中医院，住同一间病房。妹夫道平也在中医院住院，心脏有些不舒服。近几天，海波要下乡，督导几个乡镇"学党史"的情况。妹妹和楷楷都开学上班了，而我又在长沙，照顾父母的担子也就落在了妹夫肩上。但愿父母和妹夫都早日康复！

……

我在省城，今日欣闻妹夫已于几天前出院，父母也于今日出院。出院就好，家人健康平安比什么都好！这次父母住院，真是辛苦妹夫了！

随着时间的推移，父母会越来越老，"父母的那些事"会越来越多，这应该是不以人的意志为转移的自然规律。不过，我始终坚信：爱能创造奇迹！父母爱子女，子女爱父母，这爱能战胜一切困难，这爱能融化一切坚冰，这爱能使一个大家庭永远团结和睦、温暖如春、其乐融融！

俗话说的"老小老小"，说的就是老人跟小孩一样，有共性，他们都需要多加关爱，多加呵护，多加陪伴。我们做子女的，应多放点耐心、多用点细心、多付出爱心来为他们排忧解难，让他们安享晚年。金钱、物质虽不可少，但它们并不能解决一切问题。老人内心深处的孤独、寂寞是金钱解决不了的问题，唯有多陪伴父母才是最好的孝敬！

人到中年或壮年，家庭、孩子、事业、生活等这一切肯定会占去我们很多的时间，甚至让我们自顾不暇，但我们只要心里随时想着父母，就像当年父母随时想着儿时的我们一样，这样我们就自然能抽出时间挤出时间常回家看看了。其实，父母对我们子女的要求并不多，他们很容易满足，也能体谅我们工作的辛苦或是工作的特殊性，只是他们孤独无助的时候需要我们在他们身边。减少一点娱乐时间，减少一点应酬时间，减少一点休息时间，尽可能多陪陪年迈的父母，让老人随时感受到来自我们晚辈的贴心温暖，这是我们做人的本分，也是我们做子女的义不容辞的责任和义务。父母的今天就是我们的明天，我们应该给自己的后代子孙做一个榜样。

望时光老人慢些儿走，让我们陪父母慢慢变老。愿天底下的父母都健康长寿，都能拥有幸福的晚年！

（2021 年 9 月 12 日于长沙）

不用扬鞭自奋蹄

"不用扬鞭自奋蹄"是孩子他爸给予我的高度评价，我也就欣然接受了。

我向来是这么一个人：对待工作，我乐意全身心投入，绝不吝惜自己的时间和精力。备课写教案，我愿意多翻几本参考资料，多问自己几个"为什么"，多琢磨一下学生听后会是什么感受；制作多媒体课件，我愿意吸收多个网络课件的精华，再加上自己平时积累的相关素材，然后反复修改，不断简化，尤其是精简文字，加黑加粗字体（学生看得清楚又不伤眼睛），尽量做到突出重点、有条不紊、图文并茂，不允许自己有丝毫的马虎，哪怕一个标点符号也不能出错。走进课堂，绝对是衣着整洁、精神饱满、情绪高昂、声音洪亮，语言情感充沛、抑扬顿挫、自然流畅，学生答问时多加肯定、鼓励与表扬。课后辅导，耐心细致，有问必答。作业批改，认真仔细，详做记载，及时反馈。班主任工作，细致入微，爱生如子。一言以蔽之，我是累在其中也乐在其中。婆婆曾多次跟亲友说："我们家儿媳妇好辛苦，经常见她跑步去上班，半夜三更还在家备课或阅卷。"

对待家庭，我同样尽心尽责。上孝敬父母长辈，下抚养孩子晚辈，夫妻之间相敬如宾，妯娌之间和睦相处，姑嫂之间亲如姐妹。咱家房子不大，但干净整洁雅致；家具朴素陈旧，但经济实用，井然有序，一尘不染。我先生来自英雄欧阳海的家乡——欧阳海镇，他很好地继承了桂阳北半县人热情好客的优良传统，我们家经常是"高朋满座"，每年春节期间一餐招待两三桌客人也并不鲜见，由此也很好地锻炼了我的厨艺——大菜小菜我都会炒，冷菜热菜我都会做，每桌十道热菜两个冷盘是常规，亲朋好友吃后点赞是常态。

有人用传统的典雅的语言来形容我，夸我是"出得厅堂，入得厨房"的好女人。

记得有位作家说："一个好女人，就是一个家庭最好的风水。"我很欣赏这句话，也一直在努力做一个"好女人"。

功夫不负苦心人，我的勤奋与努力也成就了我的事业与家庭，这两者可谓"相得益彰"——

我获得了桂阳县"优秀教师"、桂阳县执行教学常规"百佳教师"、桂阳县"教育名师"、郴州市"高中语文骨干教师"、湖南省高中教师新课程学科教学远程培训"优秀辅导教师"、国家级中学生作文竞赛"优秀指导教师"等荣誉，也是桂阳县"优秀家长"，还是郴州市"五好文明家庭"、"湖南省文明家庭"和全国"书香之家"的女主人。我的事迹还被收入了县里编写的《群星璀璨》一书。

回首往事，扪心自问，我做到了问心无愧。

先在郴县同和中学任教五年（含进修两年），继而在郴县职业中专学校任教四年，再进桂阳一中任教九年，这先后十八年的表现已在前文多有提及，不再赘述。

1999 年 8 月至 2018 年 10 月，我在桂阳三中扎扎实实、任劳任怨地工作了十九年多，一共带了九届学生（02 届、05 届、08 届、09 届、12 届、15 届、16 届、18 届、19 届），而且届届是教"压力山大"的科技班。可以毫不夸张地说，我为桂阳三中的发展作出了自己应有的贡献，我为桂阳县的教育事业尽了自己的绵薄之力。

从 1982 年开始，教书育人成了我的职业，也是我的饭碗，更是我的事业。我几十年如一日，勤勤恳恳、尽职尽责地工作，说不累是假的，但累的同时也享受着工作带给我的无穷乐趣。

不用扬鞭自奋蹄，硕果累累开心颜。

早

"咚——咚"，已九十高龄且腿脚不太方便的母亲又拄着拐杖起床了。她天天都这样，天一亮就起来，从来不贪睡。

母亲常说："起得早，千般好。"是啊，母亲几十年如一日，坚持着早睡早起。起来后，她会活动活动筋骨——从卧室走到客厅，之后又往返重复。岂止起居，走亲戚、做家务等，也是早早地想，早早地做。早，是母亲的生活习惯，也是母亲健康长寿的诀窍。

"我每天晚上十点左右睡觉，半夜三点准时起床，因为要到农贸市场去批发小菜，去迟了便批不到好货。"楼上的女人对我说。

"你起这么早，怎么受得了？"我惊讶不已。

"习惯啦，没办法啊！"女人脸上现出无可奈何的神情。

我家楼上住着一家三口，男的是乡镇中学教师，每月只一千多元工资，女的是下岗工人，儿子正读小学。为了生活，女的只好当起了小商贩——卖小菜，一年四季天天得起早床。原来，做生意也得赶早。怪不得农村人常说："天上掉馅饼，也要起得早。"早，是商人生财的门道。

还是农历四月，在家务农的哥哥就给我带来了许多新鲜蔬菜——土豆、辣椒、南瓜、丝瓜等，说是给母亲尝尝鲜。那土豆滚圆滚圆的，个头也比较大；辣椒青翠欲滴，个个都足有半尺长；那嫩南瓜也有两斤重一个；一条丝瓜则有两尺多长。看着这一堆质优味美的蔬菜，跟我一起生活的老母亲赞不绝口，喜笑颜开。哥哥憨厚地笑着说："我种菜种得比别人早。早点卖，这些菜才能卖个好价钱。"是啊，当农民也要早。俗话说，人勤春早，天道酬勤。早，是农民致富的法宝。

记得前年去广东顺德朋友家玩，近七点钟起床的我还以为自己早。站在阳台上看风景，不免感慨朋友所在的住宅小区好干净好美丽，那真是花园一般。走在林荫小道上，竟见不到一丝一毫的果皮纸屑，甚至连树上的蜘蛛网也难觅踪迹。

好友红燕告知了我答案："我们这里的环卫工人总是在居民起床前就把卫生搞得干干净净。"我感慨万千。是啊，有了环卫工人的早起，才有小区和城市的洁净。早，有利于别人生活得更好。早，是方便别人的工作方式。

也记得当年婆婆要搬家，将离开她任教的小学，我为了赶在婆婆搬家之前让五岁的儿子早点适应婆婆所在学校的环境，只好狠心地提早让儿子读小学。此后，儿子提早读了初中、高中和大学，也提早学会了做家务、理解大人、独立生活、帮助别人……正读研的他，已是优秀共产党员，除了要完成自己的学业外，还承担着班级、年级党务行政的一些工作。原来说穷人的孩子早当家，我想，即便不穷了，孩子早点自理自立，也是他本人终身受益的财富。

早，好！

（此文发表于2010年6月24日的《郴州日报》）

平凡人生也幸福

现实生活中，人们往往过分追逐未知的缥缈的幸福，而对波澜不惊的平淡生活中的幸福视而不见。我不是这样，我懂得满足，我时常能品尝到幸福的甘甜。

我一直认为，对于我们芸芸众生来说，生活更多的不是惊心动魄的事件叠加，也不是刻骨铭心的事件和作为的攒聚，而是细水长流，逝水无波。然而在这平平淡淡的一天天流走中，我们就放任自己的神经麻木，就让自己的心灵锈蚀，就让抱怨、郁闷、纠结统治我们的五脏六腑吗？事实上，伴随着日升月落，春花秋月，我们依然可以拥有自己的幸福，自己的乐趣。

我是一名很平凡的教师。在市场经济的大潮裹挟下，我们似乎是被遗忘的一群。在应试教育的重重铁幕下，我们似乎不过是制造分数的助推手，也许时常会有倦怠感袭涌心中。每天夜色犹沉、曙光未露的时候，我们匆匆的步履就回荡在学校教室的各个楼层之间。忙不停地六到场——早晨7:30升国旗、8:00之前上班打卡、10:00课间操、14:30之前上班打卡、18:30晚读进教室、22:00晚自习下班打卡，班主任甚至九到场——学生起床、学生晨跑、第一节课上课铃响、课间操、眼保健操、读报课、周会课、晚读课、学生就寝，日复一日地查资料、备课、改作业、阅试卷、个别谈话、下班辅导，还有查寝、查网吧、接待家长等，特别是课堂这一传输知识、铸就能力的地方，我们引领学生要和别人过招竞争，争取在独木桥中冲到自己的理想的高地，压力与日俱增。生活是单调的，并不多彩；生活的程序是预设的，几乎没有变异。我们还要担心学生的各种违纪事件的发生，我们还要思考这个多元化时代以独生子女为背景的各种教育问题，我们还要忧虑自己的学生在升学率的魔棒挥舞下到底能否达成升学的愿景。如是，我们就在诸如这样的琐事中自我沉沦、自我怨艾吗？

我也并未达到理想的境界，但是我可以从教师这些琐碎之事中竭力寻觅到幸福。这种幸福不是得天下英才而教之的幸福，也不是魏书生先生那种"回归内心，种好心田"的自我超越，更不是借助心理学的知识来自我排解和按摩心灵。为什么幸福？境由心造，我有幸和这些学生相伴三年，一看到他们阳光、青涩的笑脸还要经过我的引导和打磨，我就必须树立对他们负责而不能懈怠的信念。每天赶早，苦是苦了点，但是我以"莫道君行早，更有早行人"自励，我不能比其他的老师落后；累是累了点，除了白天上班，晚上还要工作到十点甚至十一二点，但我觉得很充实。日常事务是琐碎了些，但我深知，正是经过琐碎之事的历练，大浪淘沙，才有收获时的幸福、快乐境界。一次作业或小考，某个学生没交卷，我就会猜想：是不是没做完？是不是不会做？是不是身体不适？是不是家里出了什么事？是不是对考试无所谓？我想，教师如果大大咧咧一点，就会疏漏好多的教育机会。所以，我宁可有特别负责过细的特点，也不愿意做一个遥控指挥的洒脱将军。我时常沉溺于琐事之中，我也从中收获了一份踏实之乐。

　　踏踏实实地过日子是一种乐趣，也是一种幸福。除此之外，我还时常能享受到收获真情的幸福，这幸福是我的学生带给我的。就说今年正月吧，我那2008届212班的学生们想给我拜年，不巧遇上我家当大事——我心爱的母亲走了，结果孩子们为我准备了一份很特殊的礼物——特意录制了一段视频，里面盛满几十个学生的祝福和感恩，外加一张他们授予我的"最难忘的语文教师"的"荣誉证书"，还有一大束美丽雅致的鲜花。几天后，咱学校的一位主任兼家长将礼物转交给了我，看着那视频、证书和鲜花，我感动不已，泪湿衣襟！

　　今天，我又收到学生一封信，内容如下：

亲爱的周老师：

　　您好！

　　信的开头，我真不知道从哪里说起。高二开始听您的课，一直以来在我们的心中您就是那种自信、自立的女性代表。不知道为什么，每一次我都觉得您在上课的时候，是以一位母亲的身份在教导我们，感觉那样亲切。

昨晚，看见我们9班的那本"作文集锦"的时候，心中仿佛涌动着什么，总觉得是一位母亲为她的孩子们记下的日志簿。很少看见您把头发垂放下来，当昨晚看见您耳边的头发轻轻垂下时，我心里有种说不出的感觉。看见您坐在讲台前工作，我们都低头读书，这一幕，真像古时母陪儿夜读的情形，就只差那昏黄的烛光了。

老师，其实听见您母亲去世的消息，我的心里真的很难过，看见您顶着巨大的悲痛还坚持给我们上课，我真的很心疼。愿老师以后的日子都充满幸福！

我鼓起很大的勇气给您写这一封短信，只想对您说：不管您相信与否，在我心中，您更像一位慈祥的母亲！

能待在一起的时间，越来越少，我们很快就要毕业了。愿剩下的日子，我们能一起开心地度过。

我们是一群飞鸟，但无论何时都会记得母亲的哺育！

愿老师一切都好！最深最深的祝福与感激都饱含在信中与我心中，愿化为春风，送进您心田！

您的学生：可可

2012 年 4 月 20 日

读着学生这溢满真情的文字，我再一次被感动，顿时竟觉得自己是天底下最幸福的人了，这幸福就像内心深处的一坛陈酒，由里及表，向周身蔓延出浓郁的香味。我想，任何一分付出都是有回报的，单纯可爱的学生更懂得回报。我不过就是为他们做了一点点事情——把他们高三一年来的作文训练题目连同他们的佳作佳句收集整理，而后编成了一本《2012届0909班学生作文集锦》，让班上每个学生都能从中找到他们的名字和笔墨，一来给他们鼓劲，二来便于他们复习备考，三来留给他们作纪念。学生们有的给我送来书信，有的则发来短信，由衷地对我表示感谢。

什么是幸福？幸福就是心灵方舟停靠时的那份踏实感、归属感和愉悦感。我觉得一位平凡的教师完全可以在平凡的岗位上收获属于自己的幸福。

小城无故事，传奇的故事大多是小说家和演员演绎出来的，我们在微观的场域中静听花开的声音，在静水流深中揣摩自己心跳的轨迹，这才是真实的人生。从琐事中找乐趣，把教书育人当事业来干，为学生真情付出，是我辈分内的事，何必天天抱怨，何必郁闷纠结，又何必自惭形秽呢？

感恩生活，感恩生命吧！用你我那火热的心去感悟幸福，我们会惊喜地发现幸福真的不是远在天际的飞鸟，它就跳跃在你我身边，我们甚至可以一数它周身的羽毛——只要细心感悟，真心付出。

平凡人生也幸福，真的！

最美的模样

夸父漏下一缕阳光，
你却用它温暖生命，播种希望；
盘古送来一勺土壤，
你却用它排列山峦，创造力量；

上苍给了你一瓢清水，
你却在这清水中，繁衍生息，酿就古代文明的佳酿。

蔡侯纸传下几千年的芳香，
蒙泉水波在月光下荡漾。
远去的硝烟，黯淡的剑影，
演绎了世事更迭、灰飞烟灭的沧桑。
雨点敲打着古老的石板小巷，
仿佛是先哲们横槊放歌、秉烛论辩的回响。

隆隆列车带去了六十载的尘烟，
烈马钢炮反射着初冬①的曙光，
英雄的身影矗立在蓝天白云之间，
新一代桂阳人承传着智勇、奉献与果敢。
青松翠柏深情凝望着烈士高大的雕塑，
朗朗誓言在青山绿水间激荡！

山川秀美的三千里疆域，
闻名遐迩的"八宝之地""有色金属之乡"，
"智造"工业正逐步崛起，
高等级公路流淌着现代化的乐章。
泗洲山下稻浪滚滚，
舂陵江畔金叶飘香。
流光溢彩的文化园古郡城，
与古老的东塔共享新时代的荣光。

聚焦"四大定位"，

发展"六仗"稳步推进，

广袤的蓉城大地披上盛装。

"四敢环境"激发"产业高地"强劲活力，

千年古郡昂首挺进全国一百强！

新时代冠军之城的桂阳人民啊，

如同迈向世界体坛最高领奖台时一样，

步伐坚定，神采飞扬！

啊，可爱的家乡，

你总是有着我心中最美的模样！

九十万儿女勤劳创造，

美丽的土地浸透着希望。

乘"中国式现代化"东风阔步迈进，

看，我们勇毅前行！

听，我们军歌嘹亮！

注释　①初冬：英雄欧阳海牺牲时间为 1963 年初冬。

（此诗由欧阳海波、周辛花创作，周辛花朗诵，在桂阳县"百草堂杯"歌颂桂阳诗歌朗诵大赛中获创作三等奖、朗诵一等奖）

长相思·汝城行

——记 2018 年 7 月 30 日郴州师范 126 班聚会汝城

聚也易，

别也易，

转眼之间各东西，

欢声笑语息。

山青青，

水碧碧，

怎比同窗情依依？

歌舞来日起。

聚会有感

——记 2022 年 8 月 13 日郴州师范 126 班聚会飞天山

卅岁聚首飞天山，

亿年丹霞赏奇观。

三伏暑气汗水急，

两年同窗情谊延。

跋山涉水足力健，

轻歌曼舞心气欢。

光阴未央青山在，

岁月有情润红衫。

我先生是我的同班同学，也作了一首诗，特附上：

仿律打油诗

——毕业卅年同学聚会感怀

欧阳海波

梦里欣闻集结号，

月下飞星奔福城。

郴江春水曾染绿，

苏岭秋松忆和鸣。

比萨不敌油粑子，

K 歌哪似脚踏琴！

三绝碑前幽思远，

万华岩内步履轻。

三字一话添功力，

五讲四美正言行。

胸怀初心赴前线，

肩担道义助航程。

东西南北峥嵘路，

政商工教追梦人。

情怀家国育桃李，

心系老幼侍双亲。

尚有老骥志千里，

且听雏凤放清声。

后浪兴起毋多虑，
新秀接力有来人。
乐享夕阳醉美处，
喜看朝霞漫星辰。
卅岁经年一壶酒，
两载同窗万般情！

寄语小娇孙

欧韵悠悠沁心房，
阳光徐徐拂轩窗，
沐日浴月幼苗壮，
苏子不凡品貌扬。

无题

昨日夜深人静，
忽又想起——
郴江河畔的那场相遇，
校园内外的几串足迹，
不眠之夜的窃窃私语，
离别之际的深情凝视，

你说我的双眼脉脉含情，
我说你的双手温暖有力。

鸿雁传书，
知悉你的消息，
我无法按捺自己，
心儿长出了勇气，
竟不顾山高水长，
也不管异地他乡，
百里迢迢，
飞到了你身旁。

岁月流芳，
四十年相依相伴，
有你厚实的肩膀，
我没有孤单。
咱们风雨同舟，
虹霓共享，
"文明家庭"口碑传，
"书香之家"美名扬。

今日晚霞灿烂，
我只有影子做伴，
不禁想起了远方的你，
是否也在看夕阳？

我的身影没在你眼前晃，
我的唠叨不在你耳畔响，
你是否也心生出一丝孤单？
浓浓的烟火味可依旧在厨房？

（2022 年 8 月 22 日写于长沙）

贺夫君花甲寿

岁月匆匆六秩秋，
风霜雪雨搏激流。
教坛壮志酬家国，
关工①仁心暖郡州。
子孙贤良承膝下，
椿萱并茂乐心头。
蛇年寿诞吉星照，
晚霞漫天福泽悠。

注释 ①关工：夫君是省级"优秀教师"，退二线后在桂阳县关心下一代工作委员会（简称"关工委"）工作，被评为湖南省关心下一代工作"先进个人"，2024 年又获"老有所为奉献奖"。

第六部分
教育教学论文

《致橡树》教学中的美育渗透

审美教育有助于促进人的知、情、意全面发展。语文教学应渗透美育，让学生受到美的熏陶，培养学生自觉的审美意识和高尚的审美情趣，培养审美感知和审美创造的能力。

叶圣陶先生说："文学作品可以使学生领会什么是美。花木山川的美，城市的美，道德品质的美……都可以从文学作品中得到深切体会。"诗歌是非常美的一种文学样式。诗歌教学对培养学生的审美情趣，促进对美的体验、发现与创造有着非常重要的意义。舒婷的《致橡树》一诗蕴藏着意象美、情感美、思想美、人格美和语言美，教学中若能充分发掘这些美的因素，对树立学生正确的爱情观和培养学生健康的人格有着重要作用。围绕着美育渗透这个话题，笔者下面从教学过程的各个环节谈谈自己的理解和做法。

一、美美地导入

面对 20 世纪 80 年代初的作品《致橡树》，面对陌生的诗歌意象"橡树""木棉"等，学生不一定很快就能进入审美状态，作为施教者，从上课开始，就应注重渲染一种与作品相一致的氛围，小心地拨动学生心灵的情弦，诱导学生进入特设的美的境界中，有意识地让学生的情感与诗歌蕴涵的情感相联结、相沟通。教师可先用多媒体展示高大的橡树和美丽的木棉形象，然后采用激情导入法，饱含深情地略谈爱情：

爱情是人生中一个永恒的话题。有人说，爱情是一颗心与另一颗心的碰撞；有人说，爱情是黑暗中闪闪发光的钻石；也有人说，爱情是一杯难以下咽的苦酒……

是啊，因为爱情，卓文君奔向了司马相如；因为爱情，孟姜女哭倒了万里长城；因为爱情，林黛玉含恨焚诗稿；也因为爱情，祝英台忍悲赴黄泉。

简简单单的两个字，引出了人世间多少酸甜苦辣、悲欢离合、恩恩怨怨，"爱情"因而便成了文人笔下永恒的主题。"在天愿作比翼鸟，在地愿为连理枝"和"两情若是久长时，又岂在朝朝暮暮"便是古人留下的表达爱情观的千古绝唱。随着时代的发展，人们的爱情观也在不断更新。今天我们要学的《致橡树》，是一位不平凡的女性发出的爱情宣言，也是新时代女性的爱情宣言。那么诗人所表达的是怎样一种爱情观呢？

如此导入，能吸引学生，感染学生，激发他们的学习热情，同时又将学生的思维引向了课文。这就叫以情感人，以情动人，以情激趣，以情激学。

二、美美地范读

特级语文教师钱梦龙说："每教一篇文章之前，我总是反反复复地读，一直读到'品'出味来，才决定怎样去教。我发现，只有自己对文章有了体会，有了感情，才能通过适当的引导把学生读文章的热情'鼓起来'。"

语文教师在备课时应反反复复地读课文，先是一字一词准确地读，再是饱含感情投入地读，然后才是课堂上面对学生美美地示范性诵读。笔者认为，教师声情并茂的范读是把握诗歌感情基调最直接、最有效的方式，它有听录音达不到的效果，那就是听起来亲切，让学生油然而生敬佩之情，从而有利于教师形象的塑造，同时也能提高学生诵读的兴趣和信心。再说，诵读也是语文教师的一项基本功。传情达意的诵读能提高学生对语言的感悟能力，使学生透过语言文字的表层意义，体味出其内在的思想感情。

《致橡树》采用的是先破后立的艺术构思。诗的前半部分重在否定种种旧的传统的爱情观，朗读时应情绪高昂，激奋向上，似勇敢的斗士；诗的后半部分提出了诗人所崇尚的崭新的爱情观，读时语调要平缓些，以女性的温柔，真挚细腻地抒发内心的梦想，似小溪流水，如木棉在清风中摇曳。诗的抒情主人公是一个真诚、坦率、个性鲜明的"我"。全诗的感情基调是理智冷静的，既没有"教郎恣意怜"的求诉，也没有"我愿意做一只小绵羊"的矫情，它是中国女性关于爱情理想和人格理想的宣言。诵读时，应把握好这种感情分寸。比如，诗中的"绝不像""绝不学"应重读，读出坚决的否定态度，以表明"我"坚定的立场。"我必须是你近旁的一株木棉，作为树的形象和你站在一起"，这诗眼很能体现女性独立的人格和高贵的尊严，应铿锵有力地读出骄傲和自豪感来。

当然，诵读时除了读出优美典雅的冷静美之外，也应注意音乐美。诗中长短句错落有致，许多诗句还两两对应，极具节奏美，诵读时应读出跳跃感。如果背景音乐能配上一首名曲，如《水边的阿狄丽娜》之类，效果会更佳。范读完毕，一定要让学生美美地读一读，因为诵读诗歌是感知学习诗歌的重要方法，我们要让学生在诵读中去感悟诗歌、陶冶自己和发现作者。

三、美美地欣赏

1. 欣赏美的意象

教学中要重点引导学生把握诗中种种意象的特点及其作用。诗人首先用"攀援的凌霄花"来否定"极力攀附"的爱情，接着用"痴情的鸟儿"来否定"只知依附"的爱情，再用"泉源、险峰、日光、春雨"四种意象来否定"一味奉献"的爱情。透过六种意象，我们明白了作者的观点：爱情不是一方的攀附，也不是单方的痴恋，即使由衷的奉献，也是不够的。那么，作者向往的真正的爱情是什么样呢？

"我必须是你近旁的一株木棉，作为树的形象和你站在一起。"爱的双方应独立平等，女性应有自己的人格和尊严。"根，紧握在地下；叶，相触在云里。"相爱的人应紧密结合，相亲相爱，心心相印，相互依存。"你有你的铜枝铁干""我有我红硕的花朵"，爱的双方各有各的个性特点，各有各的存在价值，是"橡树"的阳刚之气和"木棉"的阴柔之美的完美结合，互相包容又互不雷同，彼此独立又相依相映。

诗中的种种意象，特征鲜明，仔细品味，意蕴很深。

2. 欣赏美的情感

情感在艺术作品中是生命，是灵魂，是美的根源。作品中的意象浸透了作者的情感。在女诗人看来，独立平等又互相依存的爱情才是理想的爱情；作为女性，应十分珍视自己的人格和尊严。诗的结尾还告诉我们，爱不仅要爱对方，还要爱他的事业，爱他生活的土地。这是一种升华了的爱情，是爱情的最高境界。全诗情感美、思想美、人格美融为一体，诗人健康高尚的情感和独立自尊的伟大人格是《致橡树》美的精髓所在。

教师在教学中应引导学生主动地去品味诗人美的情感，通过审美活动来塑造、建构学生的完美的人格，培养其高尚的道德情操，从而引导学生的心灵趋向于善，让学生树立起自己正确的爱情观，以实现美育净化情感的功能。教育家苏霍姆林斯基说："美是一种心灵的体操——它使我们精神正直，良心纯洁，情感和信念端正。"

3. 欣赏美的语言

诗歌的美质是通过美的语言来表现的。教师要让学生仔细品味优美的词句，认真琢磨语言的内蕴。当然，诗人的个性特点、语言风格也应联系起来考虑。舒婷是朦胧诗派的代表，她的诗意境朦胧，用意象说话，她注重对自由人格的追求。全诗以比喻和象征为主要手段，把人的感情倾注在客观物象上，使平凡的事物洋溢出盎然的诗意。那铜枝铁干、傲岸挺拔的"橡树"和开着红硕花朵的高大的"木棉"，本来毫不相干，诗人却把它们巧妙地联系在一起，给予人格化的描写，赋予了它们以人格魅力。另外，不少韵脚字和大量对偶句，使得诗歌音韵铿锵，节奏感强，教师要引导学生反复品读，让他们获得美的体验和感受。

四、美美地联想

品完了《致橡树》一诗，也许学生还意犹未尽，此时，我们便可拓宽教材，引导学生由此及彼地进行合理的联想和想象。比如，让学生联想自己接触过的爱情作品，如《简·爱》和裴多菲的诗句等，并要求学生说说作品中所表达的爱情观。还可以从男女情爱领域生发开去，联想到社会中人与人的关系，培养平等、自信、兼容的人性修养和求同存异的人生态度，塑造健康的人文品格。这既能调动学生的积极性，让他们充分地展示自己，又能拓展学生的视野，还能加深对课文的理解。究其实是培养学生表现美的能力。

有了丰富的感性材料，也有了一定的理性认识，教师还可让学生就"爱情"这一话题谈谈感想，尤其是对"早恋"现象发表看法，看看学生们的人生态度和思想境界，了解他们心灵深处的种种想法。允许学生畅所欲言，允许他们带着自己的经验和认识进入课堂，允许他们幻想未来、勾画蓝图，鼓励他们说真话、做真人。这一教学环节有助于开拓学生的心灵空间，培养学生创造美的能力。当然，待学生们讲完，教师应作得体的点评和简单的小结，让学生辨清是非善恶美丑。

五、美美地收场

一篇文章要结构圆满，一堂课也不可有头无尾或草草收场。课堂小结这一环节很能看出教师的思维是否严密，课堂结构是否完美，时间安排是否合理。全面而又简洁地回顾课堂是一种整体美，与开头遥相呼应的收束语是一种严谨美，深化课文主旨的结束语则闪耀着思想美的光华。《致橡树》一课的收场语可这样设计：

是啊，爱人是美妙的，被人爱更是幸福的，但倘若一个人自身的思想尚未定型，经济尚未独立，心理还未成熟，他的事业还未确定方向，他还不能恰到好处地把握自己的理智和情感，那么，我想他还不能轻率地向爱情靠拢。

同时，我们还应认识到，除了爱情，还有很多值得我们毕生去追求的爱：父母之爱、兄妹之爱、朋友之爱、师长之爱，对理想、对事业、对生活、对社会、对国家、对民族的爱，等等。

当我们认识到这些，并为之而努力奋斗时，我们就会在爱的空气中幸福地呼吸。我们沐浴爱的阳光，吸收爱的雨露，最终必将成长为一棵棵顶天立地、枝繁叶茂的参天大树！

做花朵红硕的木棉吧，为足下的大地装扮春的秀丽、秋的壮美！

做铜枝铁干的橡树吧，在坚持的位置上经受住风雨雷电、拥抱着流岚虹霓！

我们的学生可塑性很强，我们的责任是正确地引导他们感受美、认识美、欣赏美、表现美和创造美。诗歌教学能很好地渗透美育，《致橡树》的"爱情美""人格美"必将像高高矗立的灯塔照亮学生的人生航程。

（此文获湖南省课改与美育研讨会论文评比优秀论文一等奖）

语文教学中的导语设计

导语就是一堂课的"引子"或"序幕"。课堂序幕如何拉开，对上好整节课关系极为重大，它直接影响到学生的学习兴趣、情绪、注意状态等。

我认为，好的导语起码有四大作用：第一，引起兴趣，集中注意，达到组织教学的目的；第二，启发思维，诱发思考，使学生思路跟着教师转；第三，画龙点睛，突出重点；第四，承上启下，架桥过渡，实现知识的正迁移。

导语的设计方法是多种多样的。下面，我以常见的导语类型来谈谈语文教学中导语的设计问题。

一、引用式导语

恰当地引用诗词、成语、名言警句、寓言故事、对联、俗语、歌曲等，既能激发学生的学习兴趣，又能丰富学生的文化知识。如教法布尔的《蝉》一文，用"蝉和蚁"的寓言故事或成语"金蝉脱壳"导入；教于是之的《幼学纪事》时，就引"宝剑锋自磨砺出，梅花香自苦寒来"为导语；教《长江三峡》则以歌曲《三峡美》为导语。

二、提问式导语

教师的传道授业解惑，只有伴随着学生积极的思考，才能使学生学有所得。根据教学内容，巧设疑点导语，便能开启学生的思维。例如：鲁迅的《〈呐喊〉自序》，文中多次出现"梦"字，教师应抓住这个"文眼"提问："《呐喊》是作者年轻时候做过的许多梦中那'不能全忘的一部分'，那么，这些梦究竟是什么？它们是怎样产生的？"学生带着问题自读课文，就比较容易把握文章的内容和作者选材的意图。

三、抒情式导语

教师用饱含感情的语言导入新课，可以很好地吸引学生。譬如，我在讲授秦牧的抒情散文《土地》时，充满激情地对学生说："土地是生命之源，财富之母。没有土地，就没有五谷飘香，也就没有我们人类。我们中华儿女，生活在960多万平方公里的土地上，但这广袤的国土，是祖祖辈辈流血牺牲争来的。一提起'土地'，我们很容易想到'脸朝黄土背朝天'的父老乡亲，很自然地想到长城内外、大江南北翻天覆地的神速变化。作者秦牧更是骑着思想的野马奔驰到了很远很远的地方……"这里，既讲到了"土地"的作用，又揭示了文章最突出的特点——联想丰富，勾起了学生对"土地"的浓郁感情。

四、解题式导语

文题是文章的眼睛和窗口，它往往与选材或立意有关。教师若能从解题入手，设计好导语，这对帮助学生掌握重点难点是比较重要的。例如，讲授唐弢的《琐忆》，为了突出选材以小见大这个重点，就应抓住"题眼"——"琐"字导入："'琐'有两重意思，一是表明文中所记的都是'琐事'（小事）；二是表明'小事'很多，所记只是其中一二。作者要以小见大，大家想想，作者回忆了鲁迅哪些'琐事'？"再如，《简笔与繁笔》并列关系类文题，同样应从析题入手，告诉学生："凡是并列短语（联合短语）的论题，都会在文中阐明两者之间的辩证关系。"

五、比较式导语

比较、对照新旧知识，可体现课文与课文之间的内在联系，起到以旧拓新、承上启下的过渡作用。例如，讲解李渔的《芙蕖》一文，便可这样导入："自古以来，写荷的诗文非常多，一般都从荷的美丽、高洁着眼：或赞美荷花的形态；或以荷喻人，赞扬美女；或托物言志，表现自己高洁的品质。如我们学过的周敦颐的《爱莲说》，托物言志；朱自清的《荷塘月色》，则借景抒情；而李渔写荷，不落窠臼，别具一格，大胆求新。下面，我们就来看看《芙蕖》到底'新'在哪里。"以上是题材相同的文章进行比较。同样,像《雨中登泰山》《长江三峡》等体裁相同的文章也可设计比较式导语。

六、介绍式导语

介绍作者生平轶事的导语,也是课文常见的导入方式,著名作家更应加以介绍。

七、非语言式导语

指用图片、音像、实物、标本等非文字语言手段导入新课。

……

形式是为内容服务的,导语的设计首先必须以教学内容为依据。其次,还应遵循下列几条原则:

(1)概括性。导语是引语,不是讲授主体,因此语言不能繁琐、冗长,要精当、概括,尽快进入新授轨道。

(2)启发性。导语的设计都要有针对性、启发性和可接受性。"针对性"是指根据教学目的,围绕重点、难点来设计;"启发性"是指导语要能引起学生的思索;"可接受性"是指问题的设计要难易适度,忌高不可攀或不言自明。

(3)趣味性。导语要能引起学生注意,像磁铁一样地吸引学生,就必须设计得巧妙有趣些。同时,要注意经常变换导语形式,不能堂堂课一个样。

(4)思想性。语文教学教书与育人紧密相连,为此,导语还应注意思想性,避免低级趣味。

(此文发表于 1994 年第 10 期《中学语文教学参考》)

浅谈语文教学中情感的渗透

人的情感，是在一定的情境中产生并发展的。处在欢乐氛围中，人就会感到欢乐；处在悲哀气氛中，人就会感到悲哀。一定条件下，一个人的情感可以感染别人，起到感化的、潜移默化的作用。

教了多年语文，也听了数百节语文公开课，现在回想起来，总觉得语文教学的成败与情感的渗透与否密切相关。一个语文教师，光靠呆板的讲解、冷冰冰的训练，没有诗人或艺术家一般的情感投入，那是难以成功的。一个教师的教学，只有吸引学生，才能使学生热爱。吸引人，使人热爱，就是一种情感因素的作用。那么，在教学中如何渗透情感呢？在此，笔者想从以下三个方面谈点粗浅的意见。

首先，导语的设计要渗透情感。导语是一堂课的序幕。好的导语有利于激发学生的课堂学习兴趣，让他们以饱满的情绪和高度注意的状态投入学习之中。以生动形象的饱含感情的教学语言导入新课，往往能起到以情动人、抓住听众的作用。示例详见前面《语文教学中的导语设计》一文。

其次，课文的范读要渗透情感。"文章不是无情物"，任何一类文章都是作者表达感情的载体，无论何类文体都是作者当时的情感结构的表述。课堂上教师饱含感情的示范性朗读，既可吸引学生、感染学生，又可为学生提供朗读的榜样，甚至可以让学生因此而崇拜你。当学生对你的朗读"啧啧"称赞时，那效果绝对比听录音要好几倍。记得有一次我讲艾青的《大堰河——我的保姆》一诗，当时听课的领导和老师有二十几人，我没有用录音机，而是靠自己饱含深情的抑扬顿挫的朗读征服了学生，也征服了听课的领导和老师。我时而沉郁缓慢，时而慷慨激昂，时而喜气洋洋，时而哀婉悲伤，将作者那摇撼人们心灵的诗句读得荡气回肠，读出了回环往复的旋律美，也读出了浓郁细腻的真情味。读到大堰河的悲惨遭遇时，我的眼眶里蓄满了泪水，在场的听众有好些都情不自禁地流泪了。那堂课，我成功了，荣获了学校教学比武一等奖。实践告诉我，教师若能用心去范读课文，就能将作者的真情实感化为自己的真情，然后去叩击学生的心灵，从而使学生受到感染。

再次，课文的讲授也要渗透情感。《文心雕龙》中有一个重要的观点："夫缀文者情动而辞发，观文者披文以入情。"语文的教与学，就是"披文"；师与生的教学活动，就是一种"披文活动"，要"披文以入情"。机械呆板的知性分析会变得枯燥乏味，而渗透情感的赏析讲解则能形成热切的、鲜活的情感共鸣。记得曾听过湖南师大附中一老师讲授的《沁园春·长沙》一课，那饱含激情的赏析语和自然得体的"鹰击长空"的表演动作，带给人的真是一种美的享受。而相反，笔者曾听一年轻老师讲授朱自清的散文《绿》，那眼睛总盯着教材和教案，从头到尾都是平平淡淡的词句分析，教学语言和面部表情始终没有什么变化，看不出有丝毫的情感渗入，致使学生没法理解作者的原情原意，结果课堂缺乏生气，变得死气沉沉，学生昏昏欲睡，不知所云，真是可惜了一篇充满生命活力、洋溢着勃勃生机的美文！

其实，教学是一门艺术，语文教师更需要艺术家的表演功夫。表演要全身心投入，就得渗透情感。我们使用的语文教材，是经过历史的过滤，经过许许多多专家学者精选的"文质兼美"的课文，且不少是名家名篇，其中跳动着时代的脉搏，充满着生命的活力，倾注了作家浓烈的感情。在教学中，我们应该深刻认识和体味作品的情感线索，并调动起自己相应的情感走向，再通过恰当的教学手段调动起学生的相应情感与作者共鸣和共振，作者、教师和学生三位一体，思路相通，情感默契，从而达到深入透彻地理解课文的目的。

总之，课堂的每一个环节都应投入情感。一个好的语文教师，首先应该是一个情感丰富的人。在教学过程中，他（她）始终能保持良好的心境，将满腔热情投入教学中，也将喜怒哀乐等情感渗透于教学中。

1999 年 9 月 9 日

（此文获郴州市教学论文评比二等奖）

论学生作文的思想品位

有这么一道作文练习题：

"我进入高三，感觉学习非常吃力，压力很大。爸爸千方百计给我想办法，有一次还把一位掌握招生大权的'叔叔'请到了家里。我免除了后顾之忧，发奋一年，终于考上了名牌大学。有一天，我又一次碰到了这位'叔叔'……"要求续写结尾。

甲写道：我向这位"叔叔"表示感谢，他毫不在意地说："小事一桩，用不着谢。"这个叔叔真好！

乙写道：当我向这位"叔叔"表示感谢时，他哈哈大笑："我哪是什么'招生干部'呀，我是你爸的同事。你爸请我扮演了这么一个角色，是为了消除你的后顾之忧，让你更有信心地去复习。其实，真正发挥作用的是你自己。"

两种结尾，孰优孰劣？显然，后者比前者不仅结构巧，而且思想品位高，判分也肯定要高。甲文作者也许不服气："作文不是要求'感情真挚'吗？我写的也是真情实感呀。"本文就来谈谈在不违背"感情真挚"的原则下，如何追求作文的思想品位。

师有传道之义，文有载道之功。教师应对学生进行思想品德教育，学生作文应该表达一定的观点和主张，并在社会生活中发挥积极的作用。作文教学必须重视提高学生的思想素质，提高作文的思想品位。大而言之，这是素质教育、中学德育乃至社会主义精神文明建设的内在要求，是培养"四有"公民和共产主义接班人的现实需要。小而言之，这是培养作文能力、提高作文成绩的重要途径和有效手段。引导学生在作文中表达正确的思想观点和健康积极的感情倾向，提高作文的思想品位，进而提高学生的人文素质，是语文教学改革与创新的题中应有之义。

文章的质量，很大程度上取决于它的思想内容。古人云："意高则文胜。"内容不健康、观点有毛病的文章，即使技巧性再强，也不能算是好文章。纵观学生作文，在思想内容方面常有如下缺陷：

主体材料思想性不强。材料是内容的重要组成部分，它在一定程度上决定了文章的思想品位。比如有学生以"生活写真"为题写一篇记叙文，结果竟出现了以如下内容为主体材料的作文：假日里，我到集市上帮家里买糠（煮猪潲用），碰上一位不会算数的卖糠老人，最终我少付给老人三元钱，为此我暗自高兴；我在校外饮食店吃早餐，走桃花运，碰见一美女，秀色可餐，餐得太久，上课迟到了；中秋节我与朋友相约逛公园，对方失信，害得我苦等了几小时，事后我硬是把对方臭骂了一顿才消气；等等。这些作文虽然紧扣了标题，写的是真实想法和做法，但思想品位却十分低劣，自然得不了高分，甚至让老师担忧其为人。

文章观点品位不高。古人云："意犹帅也。"观点处于文章的主导地位，往往是作者立意之所在。可以说，任何文章都十分强调立意。立意应该正确、恰当、不片面，否则站不住脚，不足以服人。2001年高考提供"诚信"这一话题让考生作文，实际上是对考生的道德素质和基本价值取向进行考查。然而，一些考生通篇都在揭露抨击社会阴暗面，认为"诚信已不复存在"。有的则以比干诚信被挖心、屈原诚信被放逐、经商诚信难赚钱、考试诚信难得高分等为例，论证"诚信百无一用，一钱不值"。还有的考生以"诚信的人绝对是无能的"来收束全篇。如上种种观点，无不品位低下，思想消极。那么，社会阴暗面能不能写呢？当然能写，但必须表现出作者正确的批判态度，而不能抱欣赏、肯定的态度。

文章情感基调不高。2001年高考作文新增了"感情真挚"这一要求，于是有的参加高考的学生便认为只要抒发了"真情实感"就是好文章。有的学生一下笔就流露出悲观的情绪，或悲叹人生寂寞，或感慨世态炎凉，或抱怨命运不公，或诉说伤心往事，给人一种前途渺茫、无可奈何的颓废感觉，缺乏昂扬进取、豁达洒脱、蓬勃向上的心理情感。有的则对儿时偷西瓜、捉弄老师等恶作剧抱肯定欣赏态度，津津乐道。殊不知，只有那些真实且美好的情感，才具有真善美的感染力。

那么，如何才能提高作文的思想品位呢？

首先，要提高做人的思想品位。言为心声，文如其人。"作文"与"做人"是紧密相连的，作文先做人。要提高文章的思想品位，首先要学会好好做人。要树立科学的世界观、人生观，要培养高尚的道德情操和行为素养，要锤炼思想品格和意志恒心。面对纷繁世相，面对社会大舞台，要有平和的心态和正确的观点，要有坚定的立场和爱憎分明的情感。

其次，要有一定的知识储备。要认真学习领会党的政策、国家的法律，要认真学习并自觉运用政治常识和经济常识中的有关概念、原理，这样做不仅对学生写作思维有一定的启发作用，而且对学生为人处世也有指导意义。另外，还应熟记一些伟人、名人的典型材料，当前社会生活中正反两方面的重大事例，抒怀言志的名言警句等。这就要求学生平时必须广泛阅读课外读物，认真关注现实生活，拓宽眼界，丰富大脑库存。

再次，要优先考虑观点和材料。意高则旨远。思想观点、主体材料、感情基调先要调好"弦"定好"调"。要避免出现主题越写越偏、观点越写越片面的现象，也要防止出现材料和观点脱节或空贴政治标签、空喊口号的现象。

最后，要重视文章的结尾。俗话说：编筐编篓，重在收口。文章的结尾也是这样。结尾是表达中心思想的重要环节之一，也是提高思想品位的最后关口。好的结尾当回应勾连前文、巧妙点明题旨，或拓宽内容层面、升华文章主题，或饱含象征寓意、引申强化中心，等等，要让读者"执卷留恋苦难遂别"。如：

"我大悟。生活有许多精彩的诠释，我的答案只有八个字：热爱、乐观、感悟、付出……"（2000 年高考江苏省满分作文《四幕剧》）

"诚信不可抛，坚持诚信，信守自己的承诺，表里如一，言行一致，做一介真君子，这是我一向的追求和为人的准则，也是我永恒的信念！"（2001 年高考湖南省优秀作文《我的信念》）

这便是卒章显志，画龙点睛。这种高品位的结尾，使全文熠熠生辉，放射出灿烂的思想光芒。

（此文获市级、省级论文评比一等奖，国家级二等奖，被收入《语文教学新视野》一书，并发表于 2002 年 2 月《写作》杂志）

如何使文章有文采

俗话说："三分姿质，七分打扮。"作文也是如此，只要经过"事事四五通"的装扮，何愁它不"精妙世无双"？那么，如何才能使文章有文采呢？

一、用词精当

1. 用最富有特征的词语，揭示人物的内心世界。

①"温两碗酒，要一碟茴香豆。"便排出九文大钱。

（鲁迅《孔乙己》）

本来付铜钱可以用"交出""付出"之类词语，但只有这个"排"字，才写出了孔乙己的神情和性格等。

②下面是闻一多的诗句：

眼泪在眼边等着，

只需要一句话，

一句话便会碰落，

你莫惹我……

"等着""碰落""惹"几个动词，看来朴素、平淡，却把作者的感情表现得淋漓尽致，那欲滴的泪珠，仿佛就在眼前。这就叫"化平淡为神奇"。

2. 用具体化的词语，能使人如临其境，如闻其声。

①先写服辩，后来是打，打了大半夜，再打折了腿。

（鲁迅《孔乙己》）

怎么打？"打了大半夜"，具体化了，突出了打人者心狠手辣、非常残忍的特点。

②我疑心这是极好的文章，因为读到这里，他总是微笑起来，而且将头仰起，摇着，向后面拗过去，拗过去。

（鲁迅《从百草园到三味书屋》）

头怎么摇？"向后面拗过去，拗过去"，具体化了，摇头的神态好像近在眼前。

二、修辞巧妙

这里的"修辞"是指"使语言表达得准确、鲜明而生动有力"的各种修辞方式，诸如引用、比喻、排比、对偶、反复等。巧用修辞是使语言"有文采"的重要手段。

比如，巧妙地引用名人名言或古诗词佳句等，能增加文章的生动性和文学性，还能表现出作者的文化底蕴，增强文章的可读性。

2001 年高考，一山西考生在《选择诚信，选择中华魂》中写道："有这样一朵诚信的花，它诚信于爱情：这朵花里充盈着孟姜女的眼泪，雷峰塔下的呻吟，遥遥天河间无尽的思念，草长莺飞中梁祝的化蝶双飞；这朵诚信的花，凝聚了王维的'红豆生南国'，柳永的'执手相看泪眼'，李清照的'寻寻觅觅'，陆游的'几年离索'。这朵诚信的花哟，凄美、哀婉。有这样一方诚信的土，它诚信于人民：这一方土里，孕育出岳飞的精忠报国，戚继光的横扫倭寇，林则徐的虎门销烟；这一方土里，培养出周恩来的鞠躬尽瘁，焦裕禄的不辞劳苦，孔繁森的一心为公。这一方诚信土啊，深厚、凝重。"

这位考生旁征博引，撷华掇英：从孟姜女的相思泪到梁祝的化蝶双飞；从王维的"红豆生南国"到李清照的"寻寻觅觅"；从岳飞的精忠报国到林则徐的虎门销烟，从周恩来的鞠躬尽瘁到孔繁森的一心为公。其视野之广阔、材料之丰赡、信息之密集和语言之精美确实令人叹服。

下面，我们再来看一首民歌，体会辞格在语言表达中的作用。

爱你爱你真爱你，请个画匠来画你。

把你画在眼睛上，整天整眼都看你！

恨你恨你真恨你，请个画匠来画你。

把你画在砧板上，刀刀剁你剁死你！

这是一首流传于湖南的民歌，大家读了之后都忍俊不禁，你能说说你的体会吗？你能猜出民歌中主人公的性别吗？

这首民歌想象很奇特，"把你画在眼睛上""画在砧板上"看似不合理，但却很合情，恰到好处地体现出主人公爱之切、恨之深的心理，主人公应该是女性。

民歌采用了反复的修辞格，鲜明地表现出人物先前爱得发疯、后来恨得要死的心理。它在章法上借鉴了《诗经》那种重章叠唱的艺术手法，虽然前后只改动了几个字，但感情各别，真挚而强烈。

民歌前后两节还采用了对比的辞格，主人公先爱后恨的感情自然而又夸张，人物形象也十分生动鲜明。

又如：

盈盈月光，我掬一捧最清的；

落落余晖，我拥一缕最暖的；

灼灼红叶，我拾一片最热的；

美美芳草，我摘一束最灿的；

茫茫人海，我要选择哪一种最符合我性情的人生？

（2002年高考优秀作文《心灵归属何方》）

善用排比，造势磅礴，美不胜收。

再如：

诚信是什么？诚信是荒原上流淌的一汪清泉；诚信是寒冬腊月傲放的一枝蜡梅；诚信是夜晚行路时前方如豆的不灭之灯；诚信是在浮浮沉沉漂泊不定的人海中导航的一座灯塔。

（2001 年高考优秀作文《诚信是什么》）

选择，是深邃的天空霎时滑过的一颗流星；选择，是青春的面庞上掠过的一丝神秘的微笑；选择，是秋水的碧波上荡起的一层美丽的涟漪。选择是如此的诱人——似隔着轻纱的美女，似茹着生命的花蕾，似幽静的山谷中飘出的一缕花香。

（2002 年高考优秀作文《在选择中启航》）

以上两例，一连串的比喻形象具体、意象丰富、色彩斑斓，委实迷人至极，顷刻之间能使评卷老师沉浸在一种美的愉悦之中，为考生的才华而赞叹不已。

三、议论精湛

在适当的地方，插入精湛的议论，能够深化主题，使文章更有意蕴。

①我在朦胧中，眼前展开一片海边碧绿的沙地来，上面深蓝的天空中挂着一轮金黄的圆月。<u>我想：希望是本无所谓有，无所谓无的。这正如地上的路；其实地上本没有路，走的人多了，也便成了路。</u>

（鲁迅《故乡》）

划线句类比说理，饱含哲理。

②这一回，是自己发昏，竟偷到丁举人家里去。他家的东西，偷得的么？

（鲁迅《孔乙己》）

加点句透露了丁举人是有权有势、凶狠霸道的人。

四、情感充沛

文采的真正魅力在它所包容的思想感情上。思想感情之美，是文采动人的根源。有感而发，不作无病之呻吟。有时，淌着血而写；有时，流着泪而写；有时，含着笑而写；有时，怀着爱而写。作者写作时，一定要投入，就像演员演戏一样进入角色。这样的文章才能以情动人，有着强烈的感染力。

①时候既然是深冬；渐近故乡时，天气又阴晦了，冷风吹进船舱中，呜呜的响，从篷隙向外一望，苍黄的天底下，远近横着几个萧索的荒村，没有一些活气。我的心禁不住悲凉起来了。

（鲁迅《故乡》）

加点的词语浸透着悲凉。悲凉的心境，才能写出这悲凉的文字。

②当三个女子从容地转辗于文明人所发明的枪弹的攒射中的时候，这是怎样的一个惊心动魄的伟大呵！中国军人的屠戮妇婴的伟绩，八国联军的惩创学生的武功，不幸全被这几缕血痕抹杀了。

（鲁迅《记念刘和珍君》）

愤怒之心，写出愤怒之笔。加点词语巧妙地运用了"反语"修辞格，反话正说，讽刺味十足。

③父亲，多少个夜晚，我坐在家门口等你，而你总是醉醺醺地回家，对于流泪的我，你却似乎已看不见。别人说你会打麻将了，我吃惊，当终于在一天帮你洗衣服，看到那张欠条时，我信了。又有人说，你会跟村里的几个人去抽一种很特别的烟时，我呆了，连眼泪都落不下来了。父亲，我亲爱的父亲，告诉我，这不是真的，我不愿失去母亲后，再失去一个健全的父亲，我永远不愿自己变成一个孤儿。

（2004 年云南省高考优秀作文《父亲，我爱你!》）

字字情，声声泪，读来令人感叹嘘唏，热泪盈眶。

【范文赏析】

生如夏花（2005 年湖南高考优秀作文）

似乎，生命如征程，人的一生注定疾步匆匆，从古到今……

——题记

回眸处

回眸处，历史的光芒穿刺迷眼，我似乎可见远古的蛮荒处夸父那如飞的箭步，踏破尘土，踩碎气象，朝着那火红的太阳永不停息地奔跑着。

奔跑的力量震裂了山河，震出了世界，那不曾停下的步子带领着人类走出了矗立的山岩、万尺的深渊，走出了文明之路。

侧视时

侧视时，我看见那峥嵘岁月里，孙中山奔走于乱世镇静的脚步，那脚步曾停留在李鸿章的府衙，曾踏上过北上的火车，曾奔跑于起义的山冈之上。那不知疲倦的奔跑的姿势，终使他赶上了时代的浪尖，冲碎了千年来不变的封建桎梏。

凝神望

凝神望桥上车水马龙的过往，以卞之琳《断章》中的姿态，时而见到孩童背着手执着于这样那样的器具快步走在去补习班的路上；或是看到小商小贩背着行囊跑向欲走的公交车时的情状；抑或见到笑脸洋溢的成群的老人们迎着朝阳一路小跑……

　　似乎谁都在跑，都在追赶着什么，那跑动时被风吹起的发丝，顺颊而下的汗珠，鞋上溅起的水花总是给人生命的蓬勃之气。

　　静思之，不觉质疑，那永远保持不变的奔跑状态从何而来？

　　是因为夸父对太阳的渴望吗？是孙中山对现实的不屈吗？是小孩对前途的希冀吗？还是那生活的艰难所需，或是那不服老的心呢？

　　再思量，不禁顿觉，人的一生好似征程，每个人都背着该负的重跋涉奔跑。奔跑即为生命的历程，而最重要的是，那些奔跑的姿态背后，是人们对生命不被磨灭的追求！

　　再回眸处，再侧视时，再凝神望，生命的价值熠熠生辉。征程中，我们奔跑着，留下或多或少的痕迹，怀着独一无二的心情，追着太阳，追着浪潮，追着生命，追向心中的夏花灿烂处。

　　一路奔跑，生命如夏花般，开得无比绚丽。

【点评】

　　2005 年湖南高考作文是以"跑的体验"为话题。本文作者联想丰富，从远古的夸父到近代的孙中山再到身边的老人小孩，从古到今，思接千载；句式灵活，长短错落；用词精当，语言凝练；辞格活用，比喻、排比俯拾即是；首尾呼应，结构严谨；标题来自泰戈尔的诗句"生如夏花之绚烂，死若秋叶之静美"，颇见文采；篇末点题，洋溢着生命的朝气和活力。

　　(《如何使文章有文采》被编入郴州市高考语文复习资料——《高考大本营》)

例谈高中语文起始课的特性

语文教学的过程是一个以语言文字为主要载体的信息输出、传送、接收、反馈并多向转换的流动过程。在语文教学中，书与人、师与生、教与学、知与能、文与道、内与外等等各种矛盾关系将形成多层面多路向的结构系列。这种过程和系列的不断变换和反复调控，构成语文教学的动态的有序的开放交流。

"全面提高学生的语文素养，充分发挥语文课程的育人功能"，是语文教学的根本目的。上好面对刚踏进高中大门的新学生所上的第一堂语文课——当然也包括新学年或新学期面对原有学生所上的第一堂语文课——即本文所称之语文起始课，其于"进一步提高学生的语文素养、充分发挥语文课程的育人功能"之意义，便有了奠基、定调和进行总动员的作用。上好起始课，也是实现"开放交流"的重要起点。

清朝人李渔在谈及写文章时说过这么一句话："开卷之初，当以奇句夺目，使之一见而惊，不敢弃去。"我觉得语文老师上起始课也应当"以奇句夺目，使学生一见而惊，不忍弃去"。

目前高中语文起始课大致可归纳为这么几种类型：有的语文老师一开始就讲课文——急躁型或新手型；有的老师泛泛而谈学习语文的重要性或学习语文的种种方法——抽象型或老手型；有的老师是检查学生假期作业的完成情况，然后让学生作自我介绍——简单型或陈旧型；有的老师则很随意地打发第一节课，想到哪说到哪——聊天型或意识流型；当然也有的老师带给学生的是精心准备、独具特色、内容丰富、针对性强、令人难忘的起始课

——特色型或敬业型。

我认为"特色型或敬业型"的起始课最值得肯定。

起始课相当重要，不可马虎对待。俗话说："磨刀不误砍柴工。"又说："好的开头等于成功了一半。"在近三十年的教学生涯中，我一直谨记这两句话，并一直坚持上好每一堂起始课。我始终坚信：一堂成功的起始课，不仅能激发学生学习语文的浓厚兴趣，让学生从此爱上这门学科，而且还能让学生佩服并永远记住你这个语文老师，如此，你传道授业也就有了忠实的听众，你教书育人的效果也会出奇地好。

那么，一堂成功的高中语文起始课该具备哪些特性呢？

一是鼓动性。

高中学生在生理和心理上日趋成熟，他们的自我意识和创造欲望正在增强，高中语文教学应重点关注和鼓励学生思考问题的深度和广度，增强他们探究的兴趣和意识，鼓励他们塑造自我、完善自我。鼓动性也可以说是激励性。初次跟学生见面，作为语文老师，应该饱含激情地鼓动或激励你的学生努力奋进、拼搏进取，既致力于语文这门学科的学习，又树立远大的理想、宏伟的抱负，将教书与育人紧密地结合起来。整堂课要能抓住听众，甚至具有震慑力，要让学生感觉到受益匪浅，这样才能让学生佩服你。

比如，去年在高一的语文起始课上，我激情充沛地说了这么一段开场白：

送走了 2009 届毕业生，很高兴我又拥有了你们这一批活泼可爱的新学生。

首先，祝贺同学们考上了高中，而且是考上了我们县最好的学校，也是在郴州市名列前茅的学校——湖南省示范性高中桂阳三中。

可以说，同学们初中阶段的学习是很有成效的，而且已经大功告成。但是，过去属于死神，未来属于自己。现在，我们又有了新的学习任务，新的奋斗目标。从今天起，同学们又站在了同一条新的起跑线上，谁能奋勇向前，坚持不懈，谁就能取得新的成绩，登上新的台阶。学如逆水行舟，不进则退。我希望同学们在全年级一千多名学生中名列前茅，甚至来年高考在湖南省几十万考生中名列前茅。在此，我预祝同学们三年之后都金榜题名，考上自己理想的大学！

一位湖南考生在高考作文中写道："唯有不断进取，方能青春无悔。"大家来读高中，是来追求知识、追求进步的。有的同学可能会这样想：读初三的时候累坏我了，现在高一可以轻松轻松了，反正离高三还有几年，不用着急。我可以告诉大家这样一个事实：每年的高中毕业生中，总有一部分人因为高一高二放松了自己，到高三时赶不上来，结果高考只能考个两三百分，致使美好的理想成为一句空话而后悔不已。

我想：进了全县最好的学校甚至还是最好的班级，并不意味着就进了保险箱，保证你能升好的大学，要跨入理想的高等学府，我们得继续努力三年。在此，我希望每一位同学好好地把握自己，珍惜时间，追求进步，追求无悔的青春！

学生们听后都振奋不已。

到了高二，学生分文理后，不少人会为自己被编入普通班而伤心、懊悔甚至自暴自弃。此时，我们的语文起始课便可这样鼓励学生：

高尔基说："只有两种生活方式：腐烂或燃烧。胆小而贪婪的人选择前者，勇敢而胸怀博大的人选择后者；每个热爱美好事物的人都明白伟大寓于何处。"

三年才过去一年，每一位同学都来得及奋起直追。在此，我想献给大家一篇青春寄语——《人生的小站》：

"青春——人生的小站。

每个青年人都有可能摔倒。摔倒了怎么办？自暴自弃、一蹶不振吗？

美国心理学家巴尔肯，曾举办过一次青年宴会，他叫来者每人写一篇简短的自传。有个年轻人满脸沮丧地交给他一份自传，只有三个标点符号：一个破折号（——），一个感叹号（！），一个句号（。）。年轻人凄然地解释道：一阵横冲直撞，落得个伤心自叹，到头来只有完蛋。巴尔肯听了，大不以为然，立即在这个自传上加上三个标点：一个顿号（、），一个省略号（……），一个大问号（？）。意即青年时期只不过是人生的一个小站，前面的道路还很漫长，希望无边，岂不闻浪子回头金不换？

是的，人生道路漫长而遥远，青年时期偶尔'跌倒'不能老躺在地上，应迅速爬起，记取教训，继续前进，使自己在人生的下一站走得稳些、好些。"

高一也是人生的小站。这一站不管我们有所成就还是遭过挫折，都无须骄傲和悲观，因为都已成为过去，我们现在重新开始！

要想鼓舞人心，我们还可将自己喜欢的名言警句送几句给学生，或是声情并茂地给学生朗读一首小诗（如《黎明的宣言》）或一篇往届学生的作文（如《为了父辈的期望》《起跑线上的美丽》《乐观向前》）等。

二是针对性。

2003年4月，教育部颁布的普通高中课程方案和高中语文课程标准对高中语文教学提出了"进一步提高学生的语文素养"的要求。学生进入高中阶段应该学习具有文学性、哲学性、科学性的文化语言，并能写作具有艺术性的语言作品，这是高中阶段与义务教育阶段语文教学的根本区别。

　　高中不同年级，面临不同的起点和不同的目标，应该有不同的要求和不同的主题，应有不同的问题设计。针对高一：你喜欢语文吗？学了近十年的语文，你能说说"语文是什么"吗？你认为学语文有什么用处？高一语文学习的基本任务是什么？高一语文学习需要养成哪些良好习惯？最有效的语文学习方法是什么？针对高二：高考语文考什么，怎么考？你认为文科和理科的语文学习有区别吗？我们如何看待分科和素质、考试和成才的关系？课外阅读是否该继续？针对高三：高三语文学习效果似乎不怎么明显，是不是该把时间挪用给学习其他科目？如何让高三语文学习仍旧保持语文的品质和学习的活力？如何复习最有实效性？我们的语文学习是否随着高中生涯的结束而结束？

　　从一开始就让学生目有全局，心有发展，看清自己当前的学习在一生学习中的位置、意义以及努力的方向，我觉得这很有必要。

　　起始课的针对性还体现在：面对同一年级不同的班级、不同素质的学生，我们也应设计不同的问题，传授不同的内容。

　　针对高三普通班，我是这样鼓励学生的：

　　我很喜欢郑板桥的名言："淌自己的汗，吃自己的饭，自己的事自己干，靠天靠地靠祖宗，不算是好汉！"

　　也许有的同学会说："高三了，来不及了。"我希望你记住泰戈尔的话："当你错过了太阳，你还可以拥有群星！"历年高考，都有在最后一年冲上来的学生。希望每个同学勤奋苦读，要明白你是为你的未来而学，为你的前途而学，为你一生的幸福而学。记住"辛苦一年，幸福一生"。学习可改变命运，知识能成就未来！

　　针对高三素质好一点的班级，我又换成了以下内容：

　　高三这一年，是拼搏的一年，是奋斗的一年，我们得努力努力再努力，坚持坚持再坚持。荀子说过："锲而舍之，朽木不折；锲而不舍，金石可镂。"俗话说："吃得苦中苦，方为人上人。""十年沐霜风，成就栋梁书壮志；一朝试羽翼，翱翔天宇瞰高峰。"

也许有的同学会说："我名列前茅，考个大学没问题。"我这里有两句名言相送："过去属于死神，未来属于自己。""笑到最后的人，才是笑得最好的人。"

曙光就在前头，胜利在向我们招手，只要我们奋力前行，理想的高等学府一定属于我们！

当然，不管教什么样的班级，我们都得强调：学好语文不只是为了考大学，它还能全面提高一个人的语文素养，以适应未来学习、生活和工作的需要。

三是文学性。

"学习具有文学性、哲学性、科学性的文化语言，并能写作具有艺术性的语言作品"，这是高中语文教学的重要任务。高中语文起始课应该具有文学性特征。这里的"文学性"，指的是语文起始课上老师的教学语言应该文采飞扬，富有文学味。因为在学生眼中，语文老师是学文学的，说话肯定得有文采。我们从第一节课开始，就不能辜负学生的期望，就得给学生留下一个好印象。

比如，我们面对一批新学生作自我介绍时，就可用文学语言诠释自己的姓名："我叫周辛花，我心爱的父母希望我用辛勤的汗水来浇灌你们这些祖国的花朵。"我这一句简单的介绍，往往能引来学生会心的微笑。

在涉及"语文是什么"这个问题时，可先让学生自由发表意见，然后饱含激情又充满自信地告诉学生：

语文是一个博大精深的范畴，大凡语言学、文学、文章学乃至逻辑学、美学等等都是语文学科的组成部分，诸如字词句篇、语修逻文、听说读写之类都是语文教学的构成要素。

叶圣陶说："口头为语，书面为文。"我说：语文是《诗经》的"关关雎鸠，在河之洲"，是《离骚》的"路漫漫其修远兮，吾将上下而求索"，是曹操的"老骥伏枥，志在千里"，是陶渊明的"采菊东篱下，悠然见南山"，是李白的"天生我材必有用，千金散尽还复来"，是杜甫的"安得广厦千万间，大庇天下寒士俱欢颜"，是苏轼的"大江东去，浪淘尽，千古风流人物"，是李清照的"生当作人杰，死亦为鬼雄"，是鲁迅的《祝福》，更是曹雪芹的《红楼梦》！

悠悠几千年，林林总总事，都是靠文字记载下来，靠文学丰富起来的。可以说，语文，让我们的思想更丰富，让我们的品德更高尚，让我们的情感更健康，让我们的审美情趣更高雅，让我们的生活更精彩！

一番富有诗意的阐释，文学味十足，学生听了豁然开朗，喝彩声一片。

新学年的起始课上，我们也可来点有文学味的祝愿语："虎踞，只为厚积薄发；虎啸，方可先声夺人；虎跃，乃是乘风而起。虎年，愿你们虎虎生威，龙腾虎跃，充满虎虎生气，将来皆成为世之虎将！"

我虎年里几句美好的祝愿，换来的是学生高昂的士气和雷鸣般的掌声。

四是知识性。

部颁课程标准"进一步提高学生的语文素养，使学生具有较强的语文应用能力和一定的审美能力、探究能力，形成良好的思想道德素质和科学文化素质"，要求高中语文起始课应该有显著的知识性，有足够的知识含量。教师的每一句话都应该有所讲究，要让学生产生一种"听君一席话，胜读十年书"的感慨。

前面提到的"开场白""鼓励语""祝愿语""名言警句"等

都是知识，形象地回答"语文是什么"也是知识。

在讨论"学语文有什么用处"这一问题时，我们还应让学生明白下列知识：

列宁说："语言是人类最重要的交际工具。"这深刻地阐明了语言的社会本质和重要作用。汉语是世界主要语言之一，也是世界上使用人数最多的语言。汉语还是联合国的六种工作语言之一，其余还有英语、法语、俄语、西班牙语和阿拉伯语。

2008年奥运会在北京举行，国际上也兴起了一股"汉语热"。推广汉语，推介中国文化，展示汉语的语音魅力、书法魅力和汉语所表现的博大精深的中华文化的魅力，守护我们的母语，守护我们的民族传统文化，应是我们每一个中华儿女义不容辞的责任。

语文课程致力于培养学生听、说、读、写的能力，它是学习其他一切学科的工具，也是表情达意的工具，这就是语文工具性的体现。语文还有人文性特点：人类优秀的文化和文明精神，大都积淀在优秀作品之中，我们通过大量的阅读和感悟，可以吸收前人创造的文明结晶，从而提高自己的语文素养，比如文学作品中所包含的情感、思想、审美、伦理、历史、文化、风俗、人情等，能给人以精神、品质、道德等方面的熏陶和升华；语文教学"以人为本"，以塑造学生完善的人格为根本宗旨。工具性和人文性的统一才是完美的语文。高中语文教学正是力求将两方面完美结合，这也是初中语文与高中语文最大的不同点。

起始课还可涉及高考语文的相关知识，比如高考语文考什么和怎么考，新课程改革后的语文高考有什么特点，我们可作个简单的介绍，让学生心中有数。例如：

2009年湖南语文高考题：15分（基础知识）+6分（背诵默写课文）+55分（阅读理解鉴赏古典诗词、文言文、说明文和文学作品）+74分（鉴赏短文和大作文的写作）＝150分

2010 年湖南语文高考题：15 分（基础知识）+6 分（背诵默写课文）+63 分（阅读理解鉴赏古典诗词、文言文、说明文和文学作品）+6 分（语言的综合运用）+60 分（写作）=150 分

近几年湖南高考招生录取分数线也可让学生了解，以便学生立下远大的志向，初步定下自己的单科目标分和总目标分，然后朝着目标奋进。

当然，高考信息的传达也应注意年级针对性。

五是实用性。

这里的"实用性"，指的是起始课上的内容要对学生有用，使学生从第一堂课开始就感慨"听语文老师的课很有用处"，让他们产生一种"非学好不可"的决心。面对一批新学生，我会这样教育他们：

更现实一点地说，学好语文起码有以下两大意义：

（1）人类社会靠语言的交流来维持和发展。上天、入地、潜水，都要使用语言；日常生活、国际谈判，哪里少得了语文！一个人有没有修养，有没有学识水平，可以说一开口就能让人猜出一二。如果你出口成章，又说得一口标准的普通话，那么你走遍大江南北都不怕；倘若你写起文章来，能引经据典、纵横驰骋、洋洋洒洒，下笔如有神，那一定会大有用武之地——你可以当律师、当作家、当记者、当秘书、当教师、当播音主持、当政府官员等。

（2）从古至今，几乎所有等级的考试（各种升学考试、公务员考试等）都离不开考语文，所有科目的考试都暗含对语言的读写能力的考查，这就是语文工具性的体现。高考语文占 150 分，而且是首考科目，可见它的分量之重、地位之高。现在大学毕业找工作，绝对少不了各种笔试、面试，你能否得体地推荐自己，能否亲笔写出一份理想的自荐材料，能否有条不紊地回答种种面

试题目，这就看你的语文功底了。比如，郴州市招考副处级干部，作文要求写 1200 字，60 分；桂阳县招考科级干部，作文要求写 800 字，40 分。笔试入围后，还要面试，考你的口才，考你的思辨能力和思想文化水平。

在谈及"如何学好高中语文"时，我们还应给予学生一些实用性的学习方法。比如：坚持"五多"——

多读——重视课外阅读，多读一些文学名著、报纸杂志、历史书籍、人物传记、科普文章等，开阔眼界，丰富知识，提高阅读理解能力和鉴赏水平。

多思——要勤于观察生活，善于思考生活，从生活中平凡的人和事当中看出不平凡来，这样你便有了写作素材和思想见地。

多记——字音、字形、词语、古诗文名句名篇、作文素材等都需记忆。知识贵在积累。

多写——重视课内外练笔，有意识地训练并提高自己的写作能力。特别是课外练笔，长短不限，内容不限，可写自己想写的内容，有感而发，有事而记，有情而抒，将你的喜怒哀乐全记在上面，让练笔本成为你倾吐心声的伴侣，记载你成长的足迹，积累你未来回忆的精神财富。

多说——大胆地回答问题，大胆地与人交往。这有利于学好语文，也有利于今后为人处世。

高中语文起始课的鼓动性、针对性、文学性、知识性和实用性应是水乳交融的，难以截然分开。当然，在教学实践中，也可突出某一特性，或是将几大特性融为一体。我们应针对教学对象的实际情况灵活地运用。

诚然，数年语文教学的教书育人重任绝不可毕其功于起始课一役，但一堂语文起始课，很能看出教师的教学态度、敬业精神、学识水平和教学风格，也很能体现语文教师的素质和魅力。学无止境，教无止境。只要我们热爱自己的事业，热爱自己的学生，就一定能认真备好每一堂课，神采飞扬地上好每一堂课，而不只是一堂精彩的语文起始课，我们完全可以达到天天"享受工作"的境界。

高考古典诗歌鉴赏指导

从 2002 年起，高考的诗歌鉴赏题打破以往客观选择题的命题方式，转而以主观表述题的形式考查考生的诗歌鉴赏能力，让考生根据自己的理解提出不同的见解，这是在新的语文教学理念指导下的一次革命，是符合文学鉴赏规律的举措。当然，这种命题方式的转变在一定程度上加大了诗歌鉴赏的难度，也意味着考生将被赋予更大的发挥空间。

作为考生，学会鉴赏古典诗歌，是高考的需要，同时也是提高自身人文素养和审美情趣的需要。我们在鉴赏作品的过程中可以认识中华文化的丰厚博大，吸收民族文化智慧，激发自己的想象力和创造潜能，发展个性，丰富精神世界。

"沿波讨源，虽幽必显。"任何一种文学作品的鉴赏，都有其内在规律。鉴赏古典诗歌，我们可从以下几方面入手。

一、懂常识

1. 掌握古诗词分类常识

诗歌分为古体诗（又称"古风"）和今体诗（又称"格律诗"）。

古体诗：包括"今体诗"出现以前的除"楚辞"以外的所有

诗作，也包括"今体诗"出现以后的除"今体诗"以外的所有诗作。"歌、行、吟"分别是古体诗的不同体裁，如岑参的《白雪歌送武判官归京》、白居易的《琵琶行》、李白的《梦游天姥吟留别》。

今体诗：分为律诗和绝句。律诗有五律（每句五字）、七律（每句七字），每首八句，分为首联（第一、二句）、颔联（第三、四句）、颈联（第五、六句）、尾联（第七、八句），其中颔联、颈联必须两两对仗，二、四、六、八句押韵，首句可押可不押，一般押平声韵，一韵到底。绝句有五绝（每句五字）、七绝（每句七字），每首四句，二、四句押韵。

词：是今体诗之后产生于盛唐，流行于中唐，发展于晚唐与五代，成就于宋代的一种新诗体。词又称长短句（句子字数不等、长短不一）、诗余（由诗歌发展而来）。根据词的长短，词又分单调（也叫小令，一般认为 58 字以内）、中调（一般分上下阕，59～90 字）、长调（91 字以上）。词有词牌，词牌严格律定了每首词的格律和音韵。

曲：即散曲，分为"小令"和"套数"。曲是宋金时期逐渐形成的一种新诗体。曲与词的最大不同，是曲可在词规定的字数中增加衬字，从而增加语言的生动性，更自由灵活地表达思想与情感。

2. 把握诗作题材常识

按诗作题材内容的不同，古诗词可分为写景（抒情）诗、记事（咏怀）诗、咏史（怀古）诗、咏物（言志）诗、田园（山水）诗、边塞（征战）诗等。

写景诗：学生在高中阶段大体接触过，无须多说。

咏怀诗：叙事抒怀，通过具体的事件的叙写来抒写胸臆，抒写个人的恨别、怀远、思乡、离愁、感时等情怀的作品。如王勃的《送杜少府之任蜀州》、杜甫的《春望》等。

咏史诗：诗人对某一历史事件或历史人物的咏叹，一般融进了诗人独到的见识，以史咏怀，以史诵人，以史治史，以史喻今。如刘禹锡、李商隐、杜牧等都是咏史诗的著名诗人。

咏物诗：主要特点是托物言志。这类古诗中的"物"一般是具有特定意义的意象。如桃花象征美人、牡丹寄寓富贵、杨花有飘零之意等，不同的意象有不同的内蕴。

山水田园诗：写田园生活和山水风景，陶渊明是田园诗的开山之人，南朝的谢灵运是山水诗的鼻祖。唐代形成了山水田园诗派，主要代表有王维、孟浩然等。

边塞诗：描写边塞生活与民族矛盾，还有一系列与边塞有关的东西，形成于盛唐，成就较高的为高适、岑参、王昌龄和王之涣等。

3. 了解风格流派常识

"风格"是指诗人在选择题材、塑造形象以及语言运用等方面形成的创作特色。从诗词曲的总体风格来讲，有诗庄、词媚、曲谐（俗）之说。不同的作家有不同的风格，如屈原的雄浑悲壮，曹操的豪放磅礴，陶渊明的恬淡平和，王昌龄的雄壮豪迈，李贺的雄浑奇特，王维的诗中有画，李白的豪放飘逸，杜甫的沉郁顿挫，再如一代词人苏轼、辛弃疾的豪放，柳永、李清照的婉约，李煜、刘禹锡的隽永，等等。

不同类型的诗也有不同的风格：

宫廷诗：缠绵婉转　　田园诗：恬淡宁谧

山水诗：清新优美　　边塞诗：悲凉慷慨

讽喻诗：沉郁激愤　　咏史诗：雄浑壮阔

流派主要指诗歌的流派和词的流派。

诗歌流派：现实主义，浪漫主义。

现实主义：提倡客观地观察现实生活，精确细腻地描写现实，真实地表现典型环境的典型人物。源头是《诗经》，代表诗人有杜甫、白居易、陆游等。

浪漫主义：善于抒发对理想的热烈追求，用热情奔放的语言、奇特的想象和夸张手法、神话故事等来塑造形象。源头是《楚辞》，代表诗人有屈原、李白、李贺、龚自珍等。

词的流派：豪放派，婉约派。

豪放派：气势磅礴，格调高昂，意境雄浑，感情激荡。代表词人有苏轼、辛弃疾等。

婉约派：笔调柔和，感情细腻，委婉缠绵，韵味深远。代表词人有柳永、姜夔、秦观、李清照等。

作为考生，我们应对中国古典诗歌的流派有相当清晰的认识，不仅要掌握现实主义和浪漫主义两大文学源头及其特点，还要按照历史的顺序理清诗歌的发展脉络；既要对各个时期的诗歌总体风格有所了解，又要对各个时期的不同流派的风格特点、代表人物及重要作家有比较深的认识。同时还应特别注意，我们说某一作家具有某种风格，是指诗人写作的主调，并不意味这位作家的所有作品都具有这种格调。例如，豪放词派的代表人物苏轼，他的悼亡诗《江城子》（十年生死两茫茫），其悲凄哀婉感人至深，应不在李清照《声声慢》（寻寻觅觅）之下。反过来，婉约派代表人物李清照的《绝句》（生当作人杰）所展现出来的雄奇豪放，颇有巾帼不让须眉的气概。

另外，我们还要对诗词的格律知识有一定程度的了解，诸如句法、用韵、平仄、对仗等知识。

二、明典故

运用文学典故是古典诗歌的一道独特的风景线。诗歌中的典故通常包括历史故事、神话故事、民间传说和诗文掌故等。用典的作用在唐以前诗歌中主要表现为增加诗歌的容量，使诗典雅耐读，富于文采；在唐以后的诗词曲中主要是怀古伤今，咏史言志。古典诗歌中的典故被诗人或正用或反用，或明用或暗用。诗人臧克家说："典故往往给今日的读者造成不少麻烦，'于今腐草无萤火，终古垂杨有暮鸦'，这两句诗引用了典故，不把它们的意思弄清楚，就打不开诗意的窍门。"因此，我们鉴赏古典诗歌一个重要的前提就是必须查清、理通诗歌所用典故的出处及其含义，但查清、理通典故并不是目的，关键是明白作者用典的意图，即他想通过典故表达什么思想或感情，进而把握作品的思想内容和艺术特色。例如：

拟咏怀

庾信

> 萧条亭障远，凄惨风尘多。
> 关门临白秋，城影入黄河。
> 秋风别苏武，寒冰送荆轲。
> 谁言气盖世？晨起帐中歌。

此诗系诗人入北周后拟阮籍《咏怀》诗之作，诗中用了三个历史故事。"秋风"句用《汉书·苏武传》故事，苏武出使匈奴，被拘于北海牧羊，历时凡十九年，至昭帝时始得归汉。友人李陵兵败降匈奴，前来相送，与苏武诀别，起舞悲歌。"寒冰"句用《战国策·燕策三》中荆轲易水诀别之时高渐离击筑，荆轲和而为变徵之声，歌曰："风萧萧兮易水寒，壮士一去兮不复还。""谁言"一联用《史记·项羽本纪》中项羽兵败，被围于垓下，夜闻四面楚歌，知大势已去，于帐中与虞姬慷慨悲歌："力拔山兮气盖世，时不利兮骓不逝。骓不逝兮可奈何，虞兮虞兮奈若何！"诗中的前两个典故，暗喻诗人自己入北周而难返梁之悲，后一个典故则是暗喻梁朝的衰败，都不是直接表达情志，但令人感而可知，确实有着言少意多、含而不露的艺术效果。

古诗常用典故含义举例：

投笔：弃文从武。

鸡黍：专指招待客人的饭菜。

楼兰：边境之敌。

黍离：对国家昔盛今衰的痛惜伤感之情。

折腰：屈身事人。

桑榆：指日落时余光所照之处，后指垂老之年。

青鸾，青鸟：传递书信的人。

鹧鸪：衬托处境的艰难或心情的惆怅。

丁香：愁心或情结。

商女：歌女，后以此为不顾国家存亡而醉生梦死的意思。

吴钩：武器或勇武豪情。

杜鹃：渲染哀怨悲凄的气氛或思归的心情。

东篱，采菊：辞官归隐后的田园生活或闲雅的情致。

雕虫：微不足道的技能，多指文字技巧。

风骚：优秀的文学作品或文采。

烟波：离别后漂泊无依。

黄昏日暮：死亡迫近的忧惧或苍茫的历史意味。

西楼，望江楼：送别之地或悠悠愁绪。

三、思背景

知人论世。每个诗人的人格品行，身份地位，以及所处时代都能反映到他的诗歌中。诗人的诗歌一定会打上他自身所处时代和其品行的烙印。从时代背景、人生沉浮来论诗，已属老生常谈。

所谓"知人"就是要掌握作家的生平和诗歌风格，这是因为任何一个作家都有自己的艺术风格。这既是作家成熟的标志，也是一个诗人的审美理想与追求的体现，掌握了诗人的生平和风格，就可由此及彼地类推诗人的其他作品。所谓"论世"就是要了解作家的时代风貌，如果掌握了时代风貌，同时代作家所具有的共性，也就容易把握了。例如：

陪金陵府相中堂夜宴

韦庄

满耳笙歌满眼花，满楼珠翠胜吴娃。

因知海上神仙窟，只似人间富贵家。

绣户夜攒红烛市，舞衣晴曳碧天霞。

却愁宴罢青娥散，扬子江头月半斜。

这首律诗前三联极写夜宴欢歌乐舞、豪华富贵的场面，而尾联却跌出一个"愁"字。缘何有"愁"，在这"愁"字的背后又包含怎样的内涵？解读此诗首先得让学生了解韦庄所处的时代特点。韦庄生活的年代，唐王朝已是日暮途穷。黄巢起义军纵横大半个中国，地方藩镇也拥兵叛唐，民生涂炭，僖宗迭次出奔，求得偏安一隅，唐王朝摇摇欲坠。只有东南半壁暂得喘息，然而握有重兵的周宝却整日沉湎酒色，暂时求得麻醉，忘却前途的黯淡。诗人以较为清醒的头脑，窥出不可逆转的事态趋势，在一片珠光宝气的炫照中透出了作者的哀愁，不由得唱出无可奈何的挽歌，这是大厦将倾的预感，是末日将临的哀鸣。然后我们来查看韦庄是个什么样的人。

韦庄是长安杜陵人，是唐朝宰相韦可秦之后，可见他和李唐王朝是息息相关的。此时的唐王朝已是岌岌可危，他也流落镇江，西望长安，思乡之情顿起，忧国之痛何堪！想到此，诗人怎能不愁上心头，更上眉头呢？

四、抓意象

诗歌主要是通过意象和意境的创造来传达思想感情的。诗歌中作者所写之景、所示之物，这客观的"象"与作者借景抒情的"情"、咏物所言的"志"的完美结合就叫"意象"。古典诗歌中很多意象是经千百年固定下来的，它与作者情感融合为优美的意境。意境是诗人通过种种意象的创造和连缀加之作者表达的思想感情所构成的一种充满诗意而又耐人寻味的艺术境界，是"情"与"景"的结晶体，它是古代诗人力求创构的诗歌的精华，也是我们鉴赏诗歌的内核。体会意境，是鉴赏活动中最重要的审美环节。

在鉴赏诗歌时，我们要注意捕捉意象，体会意境，借助联想和想象，进入到诗人所创造的那个无限丰富和广阔的艺术空间，聆听诗人对自然、对社会、对生命最真切的诉说，对接诗人最丰富、最真实、最细腻的情感，享受最具人文关怀、人文精神的美趣。

因意境是诗人营造出的一个"可意会而难言传"的艺术世界，体会诗的意境既是诗歌鉴赏的难点，也是诗歌鉴赏的重点。体会意境可从以下四方面入手：

1. 解读诗歌意象

天净沙·秋思

马致远

枯藤老树昏鸦，小桥流水人家，古道西风瘦马，夕阳西下，断肠人在天涯。

这首小令用的就是典型的意象与意象的叠加方式。十个细节，一组象征符号，全为景，只因"断肠人在天涯"一句，点染出一片凄清苍凉的秋色，点化出一片哀愁孤寂的情思，全部景象遂笼上一层无垠的悲愁。不言愁而愁绪似东流之水，不言孤而孤苦若黄昏之鸦，韵外之韵顿生，味外之味无穷，渲染出一种肃杀荒凉的氛围，体现了主人公无可奈何的落寞心境。

我们还经常看到，一些艺术感染力很强的意象往往在作品中反复出现，甚至为不同时期、不同作者所袭用。这种借助于现成的意象来表达某种特定情思的艺术手段，则使意象带有了历史的承袭性和象征性。如菊花表高洁，梧桐表伤感，阳关示别离，子规象征悲伤，白云象征孤高，松兰梅竹象征坚贞高洁，蛟龙鸾凤象征君子，飘风云霓象征小人，明月寄托浓郁的乡思、美好的向往和现实的悲凉，杨柳表送别、哀伤、留恋、思乡，边关指国家动荡、战乱、忧国忧民，夕阳衰草指游子思乡、物是人非、今昔感慨，等等。我们鉴赏诗歌时，就要懂得诗中意象的象征性，通过解读意象来理解诗歌作品。只有这样，我们才有可能深入地把握作品的意蕴。

在意象的承袭过程中，作者为了表达特定环境的思想和感情，达到意与象、物与我融洽的效果，创设了具有多义性的意象。比如"月"，李白将它当作知心的伴侣（《月下独酌》：举杯邀明月，对影成三人），苏轼通过它来表达对亲人的美好祝愿与激励（《水调歌头》：但愿人长久，千里共婵娟），张九龄把它当作良辰美景的化身（《望月怀远》：海上生明月，天涯共此时），张若虚借助它来表现亲人间刻骨铭心的思念（《春江花月夜》：可怜楼上月徘徊，应照离人妆镜台），柳永却因它触目伤怀（《雨霖铃》：今宵酒醒何处？杨柳岸，晓风残月），等等。在对诗歌进行鉴赏时，我们要结合作品捕捉融入诗人主观情感创造出的具有多义性的意象，在深层次上领悟作者深邃的思想，从而更深刻地体会诗的意境美。

2. 品味诗人情感

诗中抒发的感情是诗人写诗的动力，诗人的生活经历及其思想基础均融入其中，不了解这个动力，找不到诗人感情的源头，便摸不准诗人感情的脉搏。所以进行诗歌鉴赏首先要尽可能了解诗人的有关情况，诸如身世、经历等，这样就能设身处地去领会诗人彼时彼地的思想及心情，并与诗人产生共鸣。其次，把握作品的思想内容：内容上，诗有写景抒情、咏物言志、边塞征战、即事感怀、怀古咏史、羁旅生活、惜春伤春之分，有闺怨诗、爱国诗、爱情诗、乡情诗之别。再次，品味作品的思想感情，如迷恋、忧愁、惆怅、寂寞、伤感、孤独、烦闷、恬淡、闲适、欢乐、仰慕、激愤、坚守节操和忧国忧民等。

3. 把握诗歌形象

诗歌形象分两类：一是人物形象，即诗中的诗人形象"我"，一般称抒情主人公，有时作品中也有其他人物形象；二是自然景象或意象，诗人感情的载体。例如：

剑门道中遇微雨

陆游

衣上征尘杂酒痕，远游无处不销魂。

此身合是诗人未，细雨骑驴入剑门。

此诗是作者从抗金前线的南郑调回后方的成都时在途中写的。诗人壮志难酬、无奈忧愤的形象特征显而易见。

4. 再创诗歌意境

诗的意境的创构要求诗人以想象为桥梁和纽带，将主观和客观相结合，做到虚实并举，情景交融。我们鉴赏诗歌，体会诗的意境，同样需要展开想象的翅膀，和作者的心情相契合，来再度创构诗的意境，从而领略古典诗歌的"真景物""真感情"。

五、品语言

首先，诗歌语言不同于其他文学语言，它更形象精练，更富于色彩感、节奏感和动态感。因此，我们在鉴赏诗歌时，必须抓住诗人运用的富有表现力的妙字佳句。这些妙字佳句是诗人从"几千吨语言的矿藏"中提炼出的足以表达诗歌内容的词句，对表达主题、深化意境、突出形象都起着至关重要的作用。例如：

泊船瓜洲

王安石

京口瓜洲一水间，钟山只隔数重山。

春风又绿江南岸，明月何时照我还？

其中"春风又绿江南岸"一句中的"绿"字，最初用"到"，后改为"过"，又改为"入"，再改为"满"，凡如是十许字，始定为"绿"。"绿"字为什么好呢？这里把形容词用作动词，在表达上就会更丰富，可从三方面来看：（1）"到""过""入"等字只能状出春天来到江南，但写不出春到的景象。而"绿"却能让人感到一片春意盎然的勃勃生机。（2）"满"字较前三字为好，因它写出了范围，却没有写出春季特有的颜色。而"绿"却从春风吹过以后产生的奇妙的效果着想，从而把看不见的春风转换成鲜明的视觉形象。（3）查背景可知此时诗人正值奉召回京，重施变法之际，诗句用"绿"描绘的生机盎然的景色与诗人喜悦的心情相谐和。

其次，古典诗歌的创作与欣赏都强调联想与想象，又由于古典诗歌的押韵、平仄、对仗等方面的要求，使得诗歌语言具有一些语法结构上的难点。因此，我们鉴赏时，就要关注那些体现诗人语言功力和艺术用心的诗句，即关注那些在颠倒、跳跃、省略等方面显示了诗歌内在逻辑性的诗句。

如苏轼《浣溪沙》词中有"簌簌衣巾落枣花"一句，实为"枣花簌簌落衣巾"的倒文；杜甫《秋兴》一诗中有"香稻啄余鹦鹉粒，碧梧栖老凤凰枝"原意为：鹦鹉啄余香稻粒，凤凰栖老碧梧枝。主宾倒置的同时，宾语"香稻粒""碧梧枝"还被拆开分属主宾位置。对于古典诗歌诗句的倒置，清人洪亮吉说："诗家例用倒句法，方觉奇峭生动。"

另外，古典诗歌常常省略某些语法成分，使句式更为浓缩，这样精炼的句子亦比比皆是。如温庭筠《商山早行》诗中"鸡声茅店月，人迹板桥霜"两句按句意应为：闻鸡声出茅店但见残月一轮；上板桥已见踏秋霜留下一行足迹。而诗句省略了表方位、处所、关系的虚词以及多个动词，减少了作者的直接说明，也给读者留下了更大的艺术想象空间。

正因古典诗歌语言的这些独特性，在对古典诗歌进行鉴赏时，我们就要仔细品读语言，发挥想象，添加省略，还原语序，连缀跳跃，以便在不断地描摹、体会、感悟中渐进诗的境界。

六、赏技巧

表达技巧指诗人在借助语言文字塑造艺术形象时，灵活运用一般创作规则和方法所表现出来的具体而又特殊的艺术手段。古典诗歌中，诗人为了表达个体真切的感受并把它传达给读者，常借助各种艺术手法来表现主题。

1. 抒情方法

抒情方法包括直接抒情（直抒胸臆）和间接抒情。间接抒情的主要手段有借景或物抒情，借人或物言志，另外还有融情于景、怀古伤今和即事感怀等。例如 1995 年全国高考题：

如梦令

李清照

昨夜雨疏风骤，浓睡不消残酒。试问卷帘人，却道海棠依旧。知否？知否？应是绿肥红瘦。

这首小令先交代背景，说是昨晚雨狂风猛，心绪如潮，只好借酒消愁。一觉醒来，天已大亮。此时，已听到侍女准备启户卷帘，一日之计已经开始。便急忙问：海棠花怎样了？侍女说，还好，海棠花和原来一样。女主人听后说，应是红的花见少，而绿的叶见多了。诗人通过对海棠绿肥红瘦的描写，抒发感伤情绪，而这种感伤情绪又来自对春光的留恋和惜别。诗歌在表达这种情绪时，是通过委婉的问答轻轻地流露的。因此，高考题中说这首词"采用直抒胸臆的手法"就不正确了。

2. 表现手法

表现手法可以从三个方面进行把握：

（1）创作方法：赋、比、兴；

（2）表达方式：记叙、描写、抒情、议论；

（3）构思技巧：以动写静、乐景写哀、虚实结合、小中见大、点面结合、想象联想、象征寄托等。

在这三个方面中，第三方面为其重点。

3. 修辞手法

我国古典诗歌对语言有很高的要求，诗歌语言在不断更新中，特重修辞手法的新变，诗歌语言的特质来自对常规语言的变异，是对标准语法规律的"故意的充满美感的扭曲"。在诗歌语言的变异酿造上出现了许多修辞方式。

几乎所有的诗人都不能拒绝比喻这种修辞，因为它是使诗歌语言形象化的最有效的表现方法之一。例如，贺铸的《青玉案》

一词的结尾处写"闲愁"——"试问闲愁都几许？一川烟草，满城风絮，梅子黄时雨"，作者叠用了三个精警、新奇，又稍带夸张的复合式比喻——"一川烟草，满城风絮，梅子黄时雨"，把这种"闲愁"写得充塞天地，既多且广，不可消释，是化虚为实的灵光之笔。

除此之外，古典诗歌中常用的修辞手法还有很多，如拟人、夸张、对偶、反复、衬托、双关等。

综上所述，古典诗歌作为中华文化中最精致、最灿烂的一页，是整个中学教材中不可缺少的内容。诗歌的特质决定了诗歌鉴赏是一种高度的创造性的艺术活动。然而，由于我们生活经验不同、艺术经验不同、思想水平不同、艺术灵感有差异，在同一首诗中发现的世界也不完全相同。因此，我们鉴赏诗歌时，有一定的难度。但是，只要我们掌握好鉴赏诗歌的科学方法，必将取得事半功倍的效果，大大促进自身诗歌鉴赏能力和语文综合素质的提高。

（此文获郴州市骨干教师论文比赛一等奖）

也谈师德修养

教育发展教师为本，教师素质师德为本。弘扬教育家精神，争做新时代大先生，更是赋予师德修养以历史高度和时代内涵。人们常说教师是红烛，是春蚕，是园丁，是塑造人类灵魂的工程师，也有人说教师是世界上最伟大的第一流的设计和塑造未来人才的"艺术家"。我认为，这既是对献身教育事业的教师的一种赞誉，也是教师职业道德素养的最高境界。教师只有不断提高师德修养，才能无愧于上述美誉。笔者认为提高师德修养关键有三：

以德立教。随着改革开放和社会的发展，教师的责任更加突出，师德素质标准更高了，教书育人要求更严了。不少教师殚精竭虑、无私奉献，为发展教育事业付出了艰辛的劳动，同时也为维护和发扬高尚师德传统作出了不懈努力。然而，目前教师队伍中还部分存在治学不严谨、思想政治水平不高、道德品质人格特性有缺陷等问题。特别是个别人师风不正、师德失范的行为，严重损害了教师和学校的形象，给教育事业带来了不良影响。因此，加强师德修养、以德立教显得尤其重要而迫切。言为士则、行为世范的道德情操，是我们弘扬教育家精神的重要追求！

众所周知，中学生已具有一定的辨别能力，处于可塑性最强的年龄阶段，是形成人格及人的基本素质的关键时期，这期间他们的模仿能力特强。教师的言谈举止，学生会看在眼里记在心里并付诸行动。古人云，其身正，不令而行。身教重于言教。教师的思想品德、人格魅力具有无穷的感召力和影响力。教师在教书育人中更需要以自身实践起模范带头作用。教师必须处处规范自身的言行，随时检点自己的行为，做到"不该说的不说，不该做的不做"，真正起到表率作用。桃李不言，下自成蹊，教师自己做好了，再去要求学生也就容易了。

市场经济环境中，教师还应安"廉"乐教，乐于奉献。人民教育家陶行知先生留美归国后，拒绝高官厚禄，创办乡村师范，他赤脚穿着草鞋，与学生一起种菜、施肥，把每一分钱都用在教育事业上，甚至把文稿的收入也用来教育学生。他以"捧着一颗心来，不带半根草去"的高尚人格，在人们的心中树立了一座水晶般晶莹圣洁的师德丰碑。尽管国家和社会对教育的投入已有很大提高，"工作辛苦环境艰苦生活清苦"的境况已得到基本改善，但基础教育特别是农村教育仍然清贫。任何条件下都需要教师发扬奉献精神，以高尚的师德促进教书育人责任感的增强，以良好的行风促进学生良好学风的形成，从而激发学生为奉献祖国、服务人民而发奋学习的斗志。

坚持以德立教，在现实中尤其需强调廉教戒贪。也许有人会问，教师哪有什么可贪的？其实不然。不论是学校领导还是普通教师，都有可贪之机。评优晋级、升学提干、岗位聘任、班级管理、选订资料、学科辅导、特长培训，如此种种，都存在对廉洁的考验。比起巨贪，小额回扣微不足道，拿点吃点不足挂齿。但笔者认为，不论巨细，贪心不戒，难以纯洁党性，难以高尚师德，甚至会败坏教师的崇高形象。鉴于此，我们应严格要求自己，廉洁自守，不谋私利，戒掉贪心。

我是班主任，有家长想送我红包；我是备课组长，有资料推销商许诺给高额回扣，但都被我断然拒绝。我认为，这些都是不义之财，收下它们会玷辱我的人格。做人，就应该清清白白，俯仰无愧。贪心是完全应该也完全可以戒掉的。戒掉贪心，你会过得十分踏实，你会赢得良心的安宁，你会为坚守自己高尚人格而倍感舒坦和自豪！

特别需要指出的是，廉洁从教领导干部要起模范带头作用。有的考试成本虚高，机构臃肿，人浮于事，甚至与考务根本不沾边的个别领导，却也考务费照领不误。不就是那点钱吗？你知道有多少双眼睛在看你?!

以人为本。弘扬教育家精神，必须具有启智润心、因材施教的育人智慧！教育工作有其特殊性，因为我们面对的是人，而人是最为独特、最为复杂、最具魅力、最富于变化、最具可塑性的。人的自由而全面的发展是马克思主义的最高命题。科学发展观的核心是以人为本。教育教学的本质是开发人的潜能，塑造具有健全人格的人。正因如此，我们就应该突出一个"人"字，树立"以人为本"的教育教学观念，坚持把学生的发展放在首位。

第一，要把握课堂教学的本质。不能把知识传授当成唯一目标，即便是传授知识也应时时考虑如何让每个学生乐学会学善学。"教是为了不教"，一定要解决好授鱼与授渔的问题。有上进心、有责任感的教师，会经常反思自己的教学是否有利于培养学生的创新能力，是否有利于学生的全面发展。比如，教材里出现的东西是否都要教？是否该对教材中的有关内容进行必要的增删？书本上、教参上的是否都是真理？也就是说，要用质疑的目光、求索的态度、开阔的思路对教学现状经常进行反思，实施创新教育，要敢于对阻碍学生全面发展的东西说"不"。

"我有30年的经验。""不，你只有一年的经验，只是将它重复了30次！"某跨国公司辞退一位员工时老总这话令人深思！有些教师为什么教了几十年书，教学方法总是老一套，缺乏新意，教育教学实绩平平，恐怕与他们对自己现有的教学工作不能经常反思不无关系。

第二，要拓宽教育教学的视野。教育已不再是躲进小楼成一统的封闭系统，各种信息通过各种媒介对学生产生影响可谓无孔不入。课堂教学虽是发展学生素质的主战场，但教育教学应渗透在学生参与的各类活动中，渗透在社会、家庭、学校等学生成长的各个领域之中，所谓从无字处读书就是这个道理。

第三，要着眼于学生的可持续发展。让学生探索未知比掌握现成的知识更为重要，让学生了解自己的潜能比学会一门技能更为重要。因为今天的学生将要迎接未来可能发生的包含生态及社会变迁等在内的一切挑战。在这方面，人民大学附中的做法值得我们学习。他们很重视学生各方面能力的培养，将游泳课、舞蹈课、计算机课、驾驶技术课、新动力英语课等课程都作为必修课来开设，扎扎实实地让学生掌握多种知识和技能，这对学生今后的发展很有实用价值，毫无疑问是有远见的做法。

以爱育人。乐教爱生、甘于奉献的仁爱之心，是教育家精神的重要内容。我一直认为，教育是一种需要爱心与血性的事业。教师是蜡烛，蜡烛就应该燃烧，燃烧激情，激情创造，在创造中工作，在工作中收获，在收获中实现自己的人生价值。然而，现在却有一些教师有一种失落感，当评优晋级等未如愿时，这种失落感更为强烈，进而演变成"职业倦怠症"，口口声声说"没劲"，把一切都看成"就那么回事"。染上这种病症的人，工作起来往往"目中无人"，一年下来叫不出多少学生的名字；他们常年与书店绝缘，仅凭一本教参挖掘"微言大义"；他们把一切教育教学改革和教学技术的创新都看成是"花架子"而拒不沾边；有的甚至常常泡在牌桌上酒席中游戏里，讲课时却没精打采。还有一类教师也值得一提，他们评上了高级职称或是获得了某种殊荣后，便以为达到了人生的最高境界，"功成名就"，于是不再有什么追求，不再有什么动力，停滞不前，碌碌无为。这样的教师已缺乏工作的热情与活力，全无主动性和创造性可言，只是简单机械地在重复某些行为，何谈塑造心灵塑造未来？

教育需要爱心与血性，作为一名称职的教师，我们应该在工作中倾注全身心的爱，爱自己的岗位，爱自己的学生。第一，对学生要有一颗博爱之心。孔子之所以被誉为万世师表，关键在于他有一颗爱满天下的博爱之心。他的学生来处不同，出身各异，但他不分贫富不分智愚不分长幼，不分勤惰不分恩怨，一概热心教诲和鼓励。第二，对学生要以诚相待，以自己的真情去感动学生。必须丢掉师道尊严的"面具"，决不能以虚言欺骗学生。第三，对待学生要有宽容之心。无数成功的教育教学实践证明：宽容是一种很伟大的教育力量。曾经有学生因个人愿望没有得到满足，顶撞了老师，这位老师没有作任何解释，只给他写了一首小诗："土地宽容了种子，拥有了收获；大海宽容了江河，拥有了浩瀚；天空宽容了云霞，拥有了神采；人生宽容了遗憾，拥有了未来。"学生看了这首诗，沉思良久，终于悟出了自己的缺点。第四，对待学生要有责任心。有一个问题没讲清楚，学生的目光中露出了迷惘，我们应寻思自己备课的疏忽；有一个字音没读准，我们应翻看字典查清楚，下次勇敢地在学生面前加以纠正；有一次错怪了学生，弄清真相后，我们应及时向学生道歉……小事不小，一点一滴都是教师爱心的体现，也是敬业精神的体现。

以德立教，以人为本，以爱育人，这是我——一位普通的人民教师对师德修养的理解，也是我对自身言行的最高要求。

教师应以塑造高尚灵魂为崇高使命

弘扬教育家精神，需要教师以"心有大我、至诚报国的理想信念"培养学生的爱国情怀和强国抱负，需要教师以"胸怀天下、以文化人的弘道追求"塑造孩子们高尚的灵魂。

教书育人三十多年，我一直信奉这句名言："教师是人类灵魂的工程师。"教师的职业是培养、造就一代新人的特殊职业。教师的劳动是一种以人格培育人格，以灵魂塑造灵魂的劳动。要塑造一批批人格完善、灵魂高尚的人，教师本身就应具有高尚的灵魂，成为真善美的化身，用高雅的情趣、高尚的情操去感染学生，用科学的世界观、人生观去影响学生，让高尚的灵魂散发出无穷的魅力，使莘莘学子的灵魂受到荡涤与洗礼。

我认为，教育观念、品德修养和进取精神等综合素质可熔铸成教师高尚的人格，而这高尚人格正是教师感召力的主要源泉，是塑造学生高尚灵魂的基础和资本。

一位优秀的人民教师，他（她）不只是教给学生文化知识，更应以塑造高尚灵魂为崇高使命。

一、塑造学生高尚的灵魂，教师必须具有全新的教育观念

一要有正确的基础教育的教育观：满足学生今后的发展需要是基础教育的宗旨。二要有正确的基础教育的教学观：教学活动的目的，不仅仅是传授知识，更重要的是要教学生学会学习，因而要求学生参与教学过程，形成合作的、良好的教学环境。三要有正确的基础教育的学生观：学生是发展的人，相信每个学生都有巨大的发展潜能，只是不同阶段不同学生的表现有差异；学生是独特的人，他们有着自己独特的内心世界、精神生活、内在感受和不同于他人的观察、思考以及理解问题的方式。要承认学生的差异性，更要尊重学生的个性发展。教师的眼中不应该有差生，要相信每个学生都有优点，都有进步的愿望。直木做梁，弯木做犁，教师的责任就是要设法满足学生，有区别地去塑造学生。

教育是心灵的碰撞，老师只有把学生当成自己的朋友，才会产生最好的教育。在平常的教学中，有的教师动辄训斥、侮辱、体罚或变相体罚学生，显然这样的教师其潜意识里存在居高临下和不平等的心态。仅凭这一点，就可以肯定他难以赢得学生们的真心喜爱和尊敬。而优秀的教师，他们的一言一行给学生留下美好的印象，能够给学生以终身影响。他们会在平等的基础上善待

每一个学生，不会因为学生学习的好坏与家庭背景的不同高看或歧视某些学生。在他们心里，教好每一个学生是他们的天职。他们不仅是学生的良师，也是慈爱的长者，更是学生的知心朋友。他们不仅关注学生的学习成绩，也关注学生的思想品德与行为习惯，更把学生的喜怒哀乐、寒暑冷暖放在心间。

二、塑造学生高尚的灵魂，教师必须具有高尚的品德修养

学生受教育的过程应该是一种人格完善的过程，这在很大程度上取决于教师本身的人格力量所施加的影响。教师的人格力量是实施素质教育的重要保证。它来自教师学术水平与道德情操的完美统一。

作为教师，我们应意识到，我们每天是在与一个个鲜活的灵魂对话，我们应该用涓涓细流去滋润他们的心田。这不仅意味着，我们要教育学生爱生活爱人生，而且还意味着，我们要怀着崇高的爱去传授知识，通过水到渠成的点化和潜移默化的感染去影响学生，像春雨润物那样言传身教，让他们年轻的心灵感受到生活的欢乐与美好。这样，才能使学生受到启迪，让他们在获得知识的同时，也保持丰富而优美的灵魂。相反，如果对他们熟视无睹，无疑会使教育黯然失色。

我留意某些教师，在处理学生发生的问题时，对付学生的方法多的是，与学生们沟通的真情则少得可怜。他们忘记了自己面对的是人。说到底，一个根本的问题还在于教师的道德修养。有的教师几乎无时无刻不在感受与学生们之间的那种心灵共振，有的则从无这种体验。这就是修养的差异。修养无形，却无处不在。

三、塑造学生高尚的灵魂，教师必须具有强烈的进取精神

教师高尚的灵魂来源于对事业的忠诚。教师不能把教书仅仅

看成是谋生的手段，而要毫无私心杂念地投身其中，以教书育人为神圣职责，并从其中享受到乐趣。教师要以自己的真诚换取学生的真诚，以自己的正直去构筑学生的正直，以自己的纯洁去塑造学生的纯洁，以自己人性的美好去描绘学生人性的美好，以自己高尚的品德去培养学生高尚的品德。德高为师，学高为范，教师是最能以身作则的人。反之，两面三刀、虚荣势利、投机取巧、欺诈失信、游手好闲等言行不仅损害师德形象，而且严重损害学生健康纯洁的心灵。

教师高尚的灵魂来源于从不满足的精神，要始终用胜不骄败不馁的形象去感召学生，追求卓越。教师不应陶醉于成功之中而不思进取，更不应沉溺于暂时失败的痛苦中不能自拔。教师应时常反思，并从反思中获得宝贵的经验教训，确立新的奋斗方向和目标，用勤奋和智慧浇灌出更丰硕的成果。这里特别要提及教师当中普遍存在的一种现象：有了高级职称的某些教师，他们认为"船到码头车到站"了，不用再评什么职称，也不想再获什么荣誉，于是得过且过，对教学应付了事，不再有上进心，也不再见贤思齐；有的工作还不久的年轻教师，也不愿花大精力投入教育教学，时常沉溺于牌桌上，本地麻将玩腻了，"很好学"地学起了外地麻将，甚至工作时间也津津乐道，互相交流玩牌经验。余以为一名优秀的人民教师，应该永不满足，永不止步，切不可玩物丧志，这样才能以高尚的人格去影响学生。

实践告诉我们，要想做一名成功的教师，必须首先做一个灵魂高尚的人。

总之，教师通过转变教育观念、加强品德修养和培育进取精神，就一定能熔铸出高尚的灵魂和师长风范，从而履行好教书育人、塑造灵魂的光荣职责和崇高使命。

家庭教育重在德育

家庭教育既是孩子的启蒙教育，也是终身教育，有其特殊的地位和影响。成功的家庭教育大抵都是相似的，表现出一种规律性；而不成功的家庭教育则有各种各样的原因和表现。现实生活中家庭教育的首要内容和永恒主题是德育。愚以为，家庭教育重在德育。

授渔与授鱼的关系说明技能比知识更重要，从成人与成才关系上来看，相对于人的一生，相对于家庭的责任，是否可以认为德育比智育更重要呢？

行为养成习惯，习惯造就性格，性格决定命运。学生良好的行为习惯的形成，既有赖于学校教育，更有赖于家庭教育。从家庭的职责和功能来看，保证孩子身体发育健康是起码的最低的一个层次，传授孩子知识和技能是中等层次的，那么，让孩子形成正确的人生观和良好的行为习惯则是高层次要求了。所谓上善若水，厚德载物，然也。赫尔巴特也说过："道德普遍被认为是人类的最高目的，因此也是教育的最高目的。"

然而，时下家庭教育出现了严重误导。有的家长认为只要拼命赚钱，足够孩子使用就是"称职"甚至"优秀"；有的家长以是否辅导好孩子功课为家庭教育的主要评价指标；有的认为孩子学习好，就是家长教育有方；还有的将孩子行为不端简单归咎于学校教育。家庭德育被忽视或被异化的问题，以前在教育部门中也少有论及。我认为，当前家庭教育普遍存在的问题主要有两个：

一、教育方式不当

这主要有三种类型。一曰"望子成龙"型。这种典型的现代家庭教育模式占有相当比重。这类家长对孩子"成才"期望值很高，"唯分数是尊"，不管孩子需不需要都要请家教，不管孩子乐不乐意也要学特长；为了孩子的学习，家务包办，责任全担。孩子的吃穿、健康、营养问题时时牵动长辈们的心，德育因素往往被忽视，比如孩子出现"不招呼客人""不孝敬老人""花钱大手大脚"等行为，不及时指出与纠正，放松对孩子的道德要求。只要成绩好就行，忽视对孩子品行方面的要求，根本不知这是在舍本逐末。一些不良行为习惯在无微不至的"关爱"中滋生或因没有及时纠正而更加出格。一旦行为成为习惯甚至得到思想上的认同而积习难改，则积重难返了。要知道，道德对知识具有导向作用，如果没有道德规范的约束，知识不仅不会造福人类，反而会给人类带来灾难。道德可以弥补智慧的不足，但智慧永远不能弥补道德的缺陷。

二曰"顺其自然"型。随着我国经济生活、家庭结构出现新特点，出现了一种带普遍性的现象：家长忙于生存生计，无暇顾及或不得不放弃对孩子的德育教育，教育子女的责任和义务完全由学校和"代理家长"（隔代人或其他人）承担。"代理家长"们碍于各种因素不能或不愿对孩子实行德育约束，管教缺失，关爱有加，孩子在"大自然"环境里放任自流"自由"成长。一些学校里的"乖乖娃"到了家里就是"小霸王"。一些在社会上"混"大的孩子逐渐成了"问题少年"。马卡连柯曾一针见血地指出："过分的溺爱，对孩子而言是一种毁灭。"那么，对孩子思想品德教育的缺失，就是对社会对未来的犯罪。这并非耸人听闻，因为正是这无规无矩的"爱"在悄悄折断孩子搏击风云的翅膀，这无处不有的德育盲区蚕食了祖国花朵娇嫩的生命。

三曰"简单粗暴"型。有的家长尽管内心也关爱孩子，但表现上却是忙于工作，缺少沟通，更谈不上细致的有针对性的教育。高兴时奖票子一把，烦躁时甩耳光一把。有的还常常把家庭不幸、工作压力迁怒转嫁到孩子身上，动辄打骂孩子或讽刺孩子，致使孩子越来越消沉，自卑或逆反心理越来越严重。

二、家庭环境不优

这一方面是因家庭不健全造成环境不优，另一方面是因家庭成员有不良嗜好或行为造成，也有的是家长德育认知和德育能力有限，无法创造优良的家庭德育环境。如相互攀比，贪图享受，崇拜金钱；只知受人爱，不知爱别人，缺少互爱、平等、公正意识；自私自利，损人利己，道德水准低；用经济手段代替家庭德育，考出什么成绩，奖励多少钱，凡此种种，不一而足。

有鉴于此，笔者认为要大力加强家庭教育尤其是家庭德育教育，要大力提高家长德育教育的水平。现提出以下几点思考：

首先，增强家庭德育教育意识。

家庭德育不光是家事，不单是家庭教养问题，也是社会教育的一部分。家长们要树立一个观念：对孩子进行文化知识的辅导是有难度、有限度、有阶段性的，对其进行思想品德教育是贯穿终身的，是所有家长应该履行的职责。身为父母，应从小给孩子输入正确的价值观、道德观，这样才能让我们的孩子身心呈良性发展态势。

其次，身教重于言教。

孩子出世起就受家长的言行影响，家长的言行是孩子一生中特别是世界观人生观形成阶段中的参照坐标。家长必须以良好的形象出现在子女面前，以自身的人格魅力去影响子女，否则就会产生不可逆转的负面影响。比如家长喜欢玩牌、玩麻将，孩子耳闻目睹，迟早将学会游手好闲，挥金如土；父母结交的朋友思想品位低，孩子的择友品位肯定也高不到哪儿去。反之，家长热爱工作、尊老爱幼、讲究卫生等，孩子也会从中学到勤奋学习、孝敬父母、爱好清洁等品行。

家长应具有正义感、事业心和社会责任感，要遵守法律法规和道德规范，要有爱心和上进心，要大度、幽默，从而培养孩子活泼、开朗、进取的性格与良好的公民意识和社会责任感，使孩子树立平等、包容、共生、创新的现代意识。

再次，信任与监管并举。

对孩子要信任也要监管，关爱要深，监管要严。要对孩子充满信心，同时又要通过实际督查和支持增强孩子的信心。以看课外书为例，父母既要鼓励孩子扩大知识面，相信孩子有一定鉴别力，又要适当监管孩子的课外阅读，避免不良出版物的毒害。要养成时常与孩子交流，掌握孩子近况的习惯。要在相互信任的基础上进行沟通，通过沟通加深相互信任。还应经常与学校老师保持联系，全面掌握孩子的兴趣爱好、学习状况、交友情况等，全方位地了解孩子的优势与不足，以便有的放矢地进行教育。这样，以"爱"为帆，以"严"为舵，相互配合调适，人生之舟便能沿着正确的航道快速前进。

最后，赏识与批评适度。

要赏识孩子的一切努力（包括一些失败），赏识孩子取得的点滴进步，让孩子感到家长永远是他的后盾，但赏识要有度，要有原则，要有是非观念。对一些原则性错误必须坚决明朗地亮明态度，指出问题的严重性，让孩子有机会有勇气承担责任、承受压力。要注重教育评价标准的一致性、统一性以及发展性；要注意与学校教育、社会环境的协调相适，既不要违反社会生活和学校教育的要求，又不要过于理想化地远离现实生活提出"高、大、全"式的要求。

父母应以自己的言传身教精心营造一个让孩子身心健康成长的家庭人文环境，让孩子沐浴在一派和谐、文明、健康、宽松的家庭氛围中。

综上所述，家庭教育尤其是家庭德育教育的四个要诀是：沟通为基，身教为主，环境为重，品格为首。

总之，重视家庭教育中的德育，是现代教育的必然，是学校实施素质教育的需要，也是家庭教育成功的关键所在。家庭教育如果脱离了德育的介入，那绝对是不完善的；家庭教育如果不重视孩子健康的心理和健全的人格培养，那肯定是可怕的。因此，父母应以高度的责任感承担起孩子德育教育这一崇高使命，这样，在道德光芒的指引下，我们才能走出一条光明大道，我们的教育才会更有效益，我们的未来才会更有希望！

小家务，大财富

一、看全国高考作文，知家务劳动之重要

2019 年全国 I 卷高考作文试题如下：

阅读下面的材料，根据要求写作。（60 分）

"民生在勤，勤则不匮"，劳动是财富的源泉，也是幸福的源泉。"夙兴夜寐，洒扫庭内"，热爱劳动是中华民族的优秀传统，绵延至今。可是现实生活中，也有一些同学不理解劳动，不愿意劳动。有的说："我们学习这么忙，劳动太占时间了！"有的说：

"科技进步这么快，劳动的事，以后可以交给人工智能啊！"也有的说："劳动这么苦，这么累，干吗非得自己干？花点钱让别人去做好了！"此外，我们身边也还有着一些不尊重劳动的现象。

这引起了人们的深思。

请结合材料内容，面向本校（统称"复兴中学"）同学写一篇演讲稿，倡议大家"热爱劳动，从我做起"，体现你的认识与思考，并提出希望与建议。

使用全国Ⅰ卷的地区有福建、河南、河北、山西、江西、湖北、湖南、广东、山东等10个省市。

"民生在勤，勤则不匮"出自《左传》，"匮"指缺乏，句意指百姓的生计在于勤劳，勤劳就不会缺衣少食。劳动带来财富，劳动创造幸福。"夙兴夜寐，洒扫庭内"出自《诗经》，"夙"是"早"的意思，早起晚睡，形容勤劳。"洒扫庭内"指打扫庭院内外，明显涉及日常生活中的家务劳动。

高考作文命题先从历史的角度，强调"勤劳"是中华民族的优秀传统，将勤劳、财富与日常生活中的家务劳动紧密联系起来了。接着，命题人用"可是"一转折，呈现出不容乐观的现实：不理解劳动，不愿意劳动，不尊重劳动。

"健全立德树人落实机制，促进德智体美劳全面发展"，这是党的十九大报告中对教育的要求。高考命题紧贴时事，关注现实，弘扬了主旋律。

"热爱劳动，从我做起"这一主题能充分发挥高考作文在推动劳动教育方面的导向功能。

在我看来，要想让孩子热爱劳动，首先就得培养孩子从小做家务的能力，让孩子养成爱做家务的好习惯，因为这可以为孩子今后的幸福人生奠定基础。

实例：目前我一个人照顾两个一岁多点的双胞胎孩子，还要买菜煮饭洗衣服搞卫生等，怎么办？教会孩子们自己喝开水、喝牛奶、盖盖子、收拾玩具、把脏的纸尿裤扔进垃圾桶等，让孩子们养成从小做家务的好习惯。这样自然就减轻了自己的劳动量。

二、看外国的家庭教育，知家务劳动之必要

家务劳动对孩子的影响，远比你想象的要大。哈佛大学惊人发现：小孩做不做家务对人生影响巨大。

哈佛大学学者曾经做过一项调查研究，得出一个惊人的结论：

爱干家务的孩子和不爱干家务的孩子，成年之后的就业率为15：1，犯罪率是1：10。爱干家务的孩子，离婚率低，心理疾病患病率也低。

专家指出，在孩子的成长过程中，家务劳动与孩子的动作技能、认知能力的发展以及责任感的培养有着密不可分的关系。

有这样一组数据：美国小学生平均每天劳动时间为1.2小时，韩国0.7小时，而中国小学生平均每天的劳动时间只有12分钟。你惊讶吗？

我们来对比一下中美孩子的家务清单：

9～24个月：美国家长给孩子简单易行的指示，比如让宝宝自己把脏尿片扔到垃圾箱里。我们中国家长一般是要孩子开始认字。

2～3岁：美国孩子可以在家长的指示下把垃圾扔进垃圾箱，或当家长请求帮助时帮忙拿取东西；会刷牙、浇花、挂衣服、使用马桶；晚上睡前整理自己的玩具。我们是要孩子背唐诗。

4～5岁：美国孩子不仅要熟练掌握前几个阶段要求的家务，而且能独立到信箱里取回信件；自己铺床；准备餐桌（从帮家长拿刀叉开始，慢慢让孩子帮忙摆盘子）；饭后把脏的餐具放回厨房；把洗好烘干的衣服叠好放回衣柜（教给孩子如何正确叠不同的衣服）；自己准备第二天要穿的衣服。我们是要求孩子参加各种

艺术技能培训。

6~7岁：美国孩子不仅要熟练掌握前几个阶段要求的家务，而且能在父母的帮助下洗碗盘，能独立打扫自己的房间。我们的孩子是学习、做作业和参加艺术培训。

7~12岁：美国孩子不仅要熟练掌握前几个阶段要求的家务，而且能做简单的饭菜；帮忙洗车；拖地擦地；清理洗手间；扫树叶，扫雪；会用洗衣机和烘干机；把垃圾箱搬到门口街上（有垃圾车来收）。我们的孩子是学习、做作业、学奥数和参加艺术培训。

13岁以上：美国孩子在熟练掌握前几个阶段要求的家务之外，还能换灯泡；更换吸尘器里的垃圾袋；擦玻璃（里外两面）；清理冰箱；清理炉台和烤箱；做饭；列出要买的东西的清单；洗衣服（全过程，包括洗衣、烘衣、叠衣以及放回衣柜）；修理草坪。我们的孩子依然是学习、做作业、学奥数和参加艺术培训。

从上面的家务清单对比中，我们足以看出美国的家长是多么重视孩子的家务劳动！

事实上，凡是从小就好吃懒做、不爱劳动的人，长大了多不能吃苦，独立自谋能力差，工作成就平平。因此，望子成龙的父母从孩提起就应该为孩子创造一种环境和条件，对孩子进行早期劳动训练，让孩子做力所能及的家务，生成一双勤劳手，使其终身受益。孩子在劳动体验中长大，体验越多，感受越深。凡是孩子能做到的事情，家长尽量不要替他（她）去做。孩子进一步，大人退一步，这才叫成长！

三、看正反典型事例，知家务劳动之优越

我们中国的好多孩子确实从小到大被家长要求听话、孝顺、好好学习等，却很少被要求分担家务。"你只要好好学习，其他什

么事情都不用管。"这是好些家长的口头禅。

但结果呢？

那个因为"自理能力太差"被劝退的"天才少年"魏某的故事应该有人知道吧？

2 岁就掌握了 1000 多个汉字，4 岁基本学完了初中阶段的课程，13 岁以高分考入湘潭大学物理系，17 岁大学毕业后考入了中国科学院高能物理研究所，成了硕博连读研究生。

这样一个天才，却在离开了母亲的照料之后，在大冬天穿着单衣、拖着拖鞋在天安门广场闲逛，周围的游客像看怪物一样使劲盯着他看。一个 20 岁的成年人如此的生活不能自理，这跟其母的教育方式有着很大的关系。

在魏某的成长过程中，他母亲不仅包揽了全部家务，甚至连饭都要亲自喂，只为了不打扰儿子看书。在这种无微不至"关爱"下成长的孩子，又怎么能学会独立生活呢？

我们身边也不乏这样的例子：

我一位朋友的女儿读博了，但不会做任何家务。我一同事的儿子读大学，一次带回家 30 多双脏袜子给母亲洗。还有一同事的女儿不会削水果皮，每次要吃水果都是她母亲削好再递给她吃。我一朋友的儿媳不会开煤气灶，也不知怎样才叫"水开啦"。不舍得孩子做家务，原本是出于爱，但这种溺爱却会在不知不觉中扼杀孩子发展自我能力的机会，也明显地增加了父母长辈的自身负担。

溺爱实际上是一种害！因为父母长辈不可能照顾孩子一辈子，所以我们就不要去承担本属于孩子们的那一部分责任。

现在很多孩子无机会做家务、无能力做家务、无意识做家务，这与我们的家庭教育是密不可分的。

这里也给大家举一个正面例子：武汉大学毕业的一个学生，

从小就是父母眼中的乖孩子，老师眼中的好学生，同学眼中的小学霸，从小就养成了爱做家务的好习惯：他从不乱丢玩具，每次玩了之后绝对要自己收拾好；每天起床后洗漱完毕，就自己叠好被子，罩上床罩；放学回家，他会主动淘米、洗菜，吃饭前会主动摆碗筷、端菜，好吃的菜他会先夹给家里的长辈——外婆，吃完饭会自觉收拾碗筷；等等。

读大学期间，宿舍里因为有他，经常被评为"文明卫生寝室"。

放暑假寒假，除了看书学习，他会主动进厨房，跟着母亲学炒菜。后来上班了，他跟两个同事合租一套房子，结果他煮饭菜最能干，收拾房间最干净整洁。再后来，他请几个年轻的同事去家里吃饭，一个漂亮的女孩惊讶不已——惊讶于他炒的满桌的菜色香味俱全，惊讶于他单身汉家里的卫生搞得一尘不染。再后来，那漂亮女孩就成了他心爱的妻子。

现在，两个年轻人过着幸福的小日子，工作上志同道合、比翼双飞；生活上也兴趣相投，看书看电影看戏剧，种花种草种香料，学厨艺做美食品美食。小家庭的家务劳动，他俩是争着做。

大家可能猜到了，我说的就是我的亲儿子，也是我的亲学生。

我儿虽然不是最优秀的，但他许多方面都能让我们放心：

他多次被学校和单位评为"优秀共产党员"，说明他的思想品质不错；他工作还不到十年，就三次参加了分别在深圳、武汉和南京召开的全国口腔医学方面的学术会议，说明他业务能力不错；2019年1月，他获得了新技术项目奖三等奖——颞下颌关节病颌垫治疗，说明他科研能力也不错；他还被单位评为"工会活动积极分子"，说明他多才多艺、人际关系好；他年终考核经常被评为优秀，说明他的综合素质让我们放得下心。

我可以自豪地说，我的母亲将勤劳善良、孝敬长辈、懂得感恩等美德传给了我，我又将这些美德传给了我儿子，这就是家风的传承。当然，孩子的父亲也功不可没，他是一个敬业爱岗、德才兼备的人，他的言传身教同样对儿子有着深远的影响。

我始终相信，父母是孩子一辈子的老师，孩子身上绝对有父母的影子。孩子不只是父母生命的延续，他更是家风家教的传承人！

"其身正，不令而行；其身不正，虽令不从。"言传身教，做孩子的榜样，是我们父母义不容辞的责任。

古人早就说过："一屋不扫，何以扫天下？"愿做家务、会做家务的孩子，他能从小事做起，从小家做起，长大后才会在社会这个大家庭里承担更多的义务，担起更多的责任！

所以说"小家务，大财富"，

——因为做家务的孩子学习更好。

中国教育科学研究院对全国 2 万名家长和 2 万名小学生进行的家庭教育状态调查表明：在孩子专门负责一两项家务活的家庭里，子女成绩优秀的比例为 86.92%；而认为"只要学习好，做不做家务都行"的家庭中，子女成绩优秀的比例仅为 3.17%，足足相差了 27 倍。

——因为做家务的孩子更懂得尊重他人。

亲身付出劳动，方知劳动的艰辛和不易，才会更加珍惜他人的劳动成果，从而学会尊重他人。

——因为做家务的孩子更有自信。

在做家务的过程中，孩子通过自己的双手完成很多事情，并收获家人的认同。在这个过程中会增强他们的成就感，让他们认同自己是有价值的，是被需要的。而这份自信，对他们今后的成长与交友，都起到至关重要的作用。

——因为做家务的孩子更懂得怎样去爱。

前不久，一段 3 岁小男孩为妈妈准备烛光晚餐的视频火遍了全网络：一个丁点大的小男孩，推着比它还高的购物车在超市买菜，认认真真地研究食物的烹饪方法，踮着脚尖熟练地使用着微波炉和烤箱，细心地在花园中采了花摆在桌子上。而这一切只是为了给自己的妈妈做一顿有鲜花的烛光晚餐。这是多么暖心的事情啊！视频最后，孩子的妈妈露出了幸福的笑容，孩子也显露出巨大的成就感。

一个孩子在做家务的过程中承担了家庭的责任，懂得了家人的辛苦，就会养成良好的家庭观念，学会更爱自己的家庭和家人。

四、如何让孩子既轻松又持久地养成做家务的好习惯？

（1）让孩子感到自己的重要性。告诉孩子，他的家务劳动会给家庭带来很大的帮助，会因此节省出更多的时间，让全家人一起娱乐。

（2）不要强迫孩子，给孩子提供选择的权利。给你的孩子提供一份所有他（她）能够做的家务的清单，让他（她）自己选择其中的一两项工作，这会让他（她）感到，自己拥有选择和控制的权利，从而心甘情愿去做自己选择的工作。

（3）把任务细化，并给孩子做示范。把一个任务拆成数个步骤（比如把玩具捡起来，装进玩具箱里，再把玩具箱的盖子盖好），这样他才会确切地理解你的要求。另外，父母应该亲自给孩子做示范，回答他所有的疑问直到他能够独立完成。

（4）忘记"完美主义"，允许孩子失败。对孩子来说，积极地参与比结果更为重要。做家务难免会出现"帮倒忙"的情况，家长要学会容忍一时的混乱，耐心教孩子，而不是单纯地斥责。如果你的孩子洗的袜子不够干净，擦的桌子不够光亮，不要去批评他，批评会挫败孩子的自尊，打击孩子的劳动积极性，更会降低他与人合作的意愿。

（5）给孩子提供合适的工具。比如给他小扫帚，或者小桶子、小刷子、小抹布之类，用来打扫房间。

（6）给孩子做个好榜样。父母千万不要当着孩子的面抱怨做家务的繁琐和无聊，更不能为做家务而争吵不休，这会给孩子传达一个信息——做家务是一件非常可怕的事。父母应乐于分担家务，尽量让孩子认识到，家务劳动也乐在其中。如果自己帮助大人尽快做完家务事，大人就可以留出更多的时间陪自己一起玩。

今年6月，中共中央、国务院提出"意见"：加强劳动教育，充分发挥劳动综合育人功能。

小家务，可让你孩子养成良好的习惯；

小家务，可让你孩子养成良好的品行；

小家务，可让你孩子拥有生活的兴趣；

小家务，可让你孩子拥有长久的幸福。

独立、自信、责任心，还有良好的习惯和品行，以及对生活的浓厚兴趣，这些能够使孩子受益终身的巨大财富，都藏在做家务这件小事里。真正爱孩子，就让他学会做家务，这可以让你的孩子拥有长久的幸福。

记住：小家务，大财富！

（此文获2019年度桂阳县家庭教育优秀宣讲稿一等奖）

后 记

　　我曾在晚辈面前说过："早在 2015 年，咱们家就被评为全国'书香之家'了，书香之家写不出一本书，似乎对不起那荣誉称号。"

　　平素好静，喜欢独处，专心做好自己的事。起草拙作最早动因就是本来只想回忆回忆自己几十年来的人生经历，书写自己内心深处最真实的情感，尤其是想很好地表现人世间最美最纯的亲情和师生情。

　　无奈自觉才疏学浅，文笔有限，难以淋漓尽致地表达出来，又觉韶华易逝，必须抓紧笔耕，这样一来，最终写成了好些记流水账似的"豆腐块"。好想文采飞扬，却"飞"不起来，结果所有的文字跟我本人一样——素面朝天，朴实无华。

　　2021 年底以来，为了迎接和照顾小孙孙，我来到长沙与儿子他们一起生活。断断续续地，我抽空完成了 20 万字的写作。自认为文字稚嫩粗糙，羞于面世，所幸咱先生一次又一次地肯定我鼓励我，先是夸奖说："我认真地读了一遍，我真的被感动了，被震撼了！"接着说"素面最耐看，朴实最可贵"，继而又说"你的文字可以鼓励踔厉奋发与自强，传播科学理念与做法，带给人满满的正能量"，后来还催促道"你已修改几遍了，我觉得很好了，可以定稿了，别追求完美啦"。先生还诗兴大发："苔含牡丹意，花念春晖情，心如冰壶境，语与众人听。"于是，我鼓足勇气，找到了湖南师范大学出版社这家国家一级出版社、全国百佳图书出版单位。

尽管我是函授学员，但毕竟，湖南师范大学是我的母校！感恩母校老师的培养。扪心自问，我做人似乎没有辜负母校的栽培，但愿我的作文也能带给母校老师一丝欣慰。

光阴易逝，一晃2024年已接近尾声。先生又在给我鼓劲了："你的文稿还是很有价值的，带给人满满的正能量，该定稿了！"

我最初的意图是想出一本传记，后来先生建议我把曾经写过的东西诸如日记、书信、校园讲话稿、教育教学论文等都收集起来，用"苔花心语"来统率，免得内容单薄，于是我采纳了他的合理化建议。

先生还认真地给我的书稿写了一篇序，我看到最后竟然被感动得热泪盈眶了！

于是我再一次修改文稿，并认真校对，力争文通字畅，以"真"感人，以"情"动人，以"理"服人。

最后，再一次感谢我的先生，也感谢愿意听我"心语"的你。

周辛花

2024 年 12 月 6 日写于长沙